Calligraphie arabe

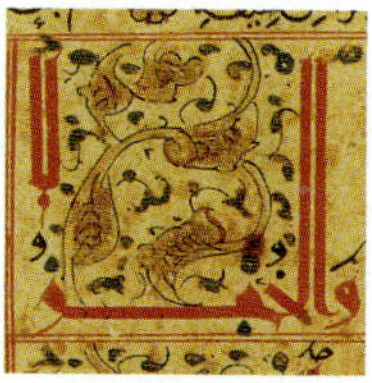

Hassan et Isabelle Massoudy

Flammarion

S O M M

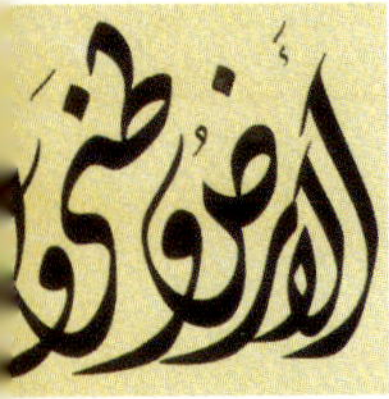

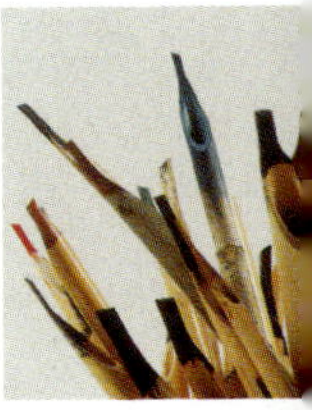

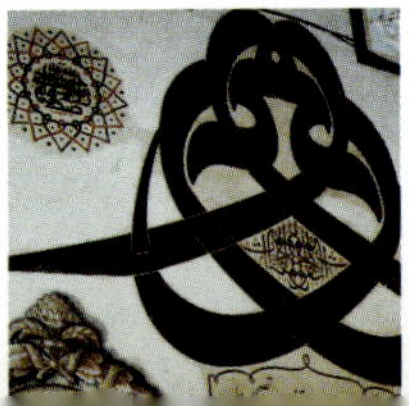

L'abécédaire

Il se compose des notices suivantes, classées par ordre alphabétique.
À chacune d'elles est associée une couleur qui indique sa nature :

■ Le matériel du calligraphe

Alun
Calame
Canif
Couleur
Coupe du bec du calame
Encre
Encrier
Gomme arabique
Lika
Noir de fumée
Noix de galle
Papier
Pigment
Plaquette de coupe
Plume métallique
Qalab
Support
Tablette coranique

■ Technique et plastique de la calligraphie

Allongement de lettre
Céramique
Code
Composition
Concentration
Dynamique
Écriture
Espace
Exercice
Expression
Image
Lenteur
Lettre
Mosaïque
Ornement
Plein et délié
Plein et vide
Point
Point diacritique
Point-mesure
Position du calligraphe
Rythme
Signe
Signe de vocalisation
Souffle
Zellige

■ La calligraphie dans la société

Alif
Al Rifaï
Bibliothèque
Calligraphie contemporaine
Calligraphie sur monument
Cheikh Hamadoullah
Diwani
Enluminure
Firman
Hachem Al Bagdadi
Hafez Othman
Hamed Al Amadi
Houlia
Ibn Al Bawwab
Ibn Moqla
Jeli Diwani
Kaaba
Koufi
Koufi géométrique
Lam-alif
Madrasa
Maghrebi
Maître et disciple
Manuscrit
Miroir
Mosquée
Neskh
Palais de l'Alhambra
Qarahissari
Rakim
Roqa
Style
Taliq
Thoulth
Toughra
Yacout Al Moustassemi

Au fil des notices, et grâce aux renvois signalés par les astérisques,
le lecteur voyage comme il lui plaît dans l'abécédaire.

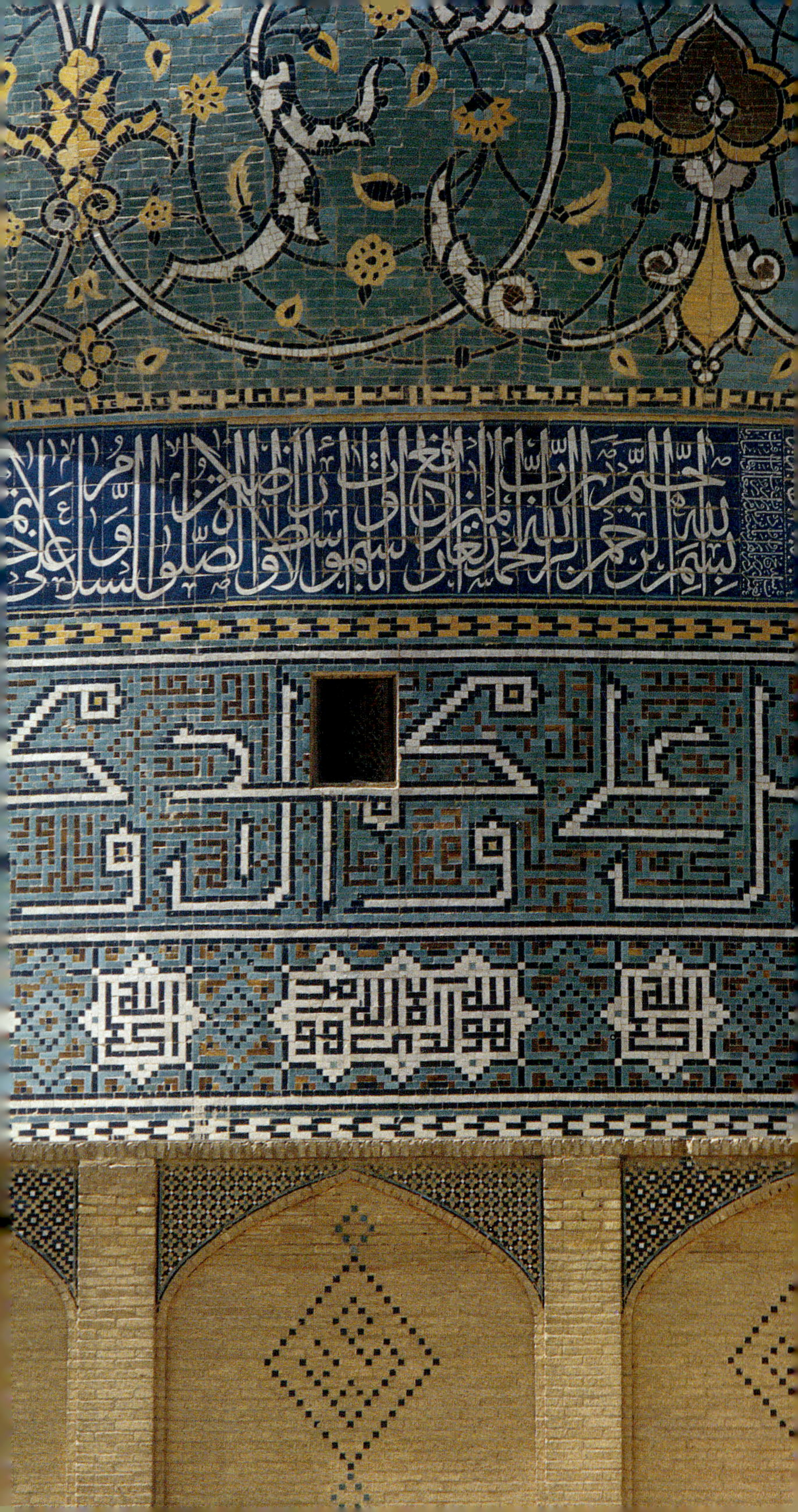

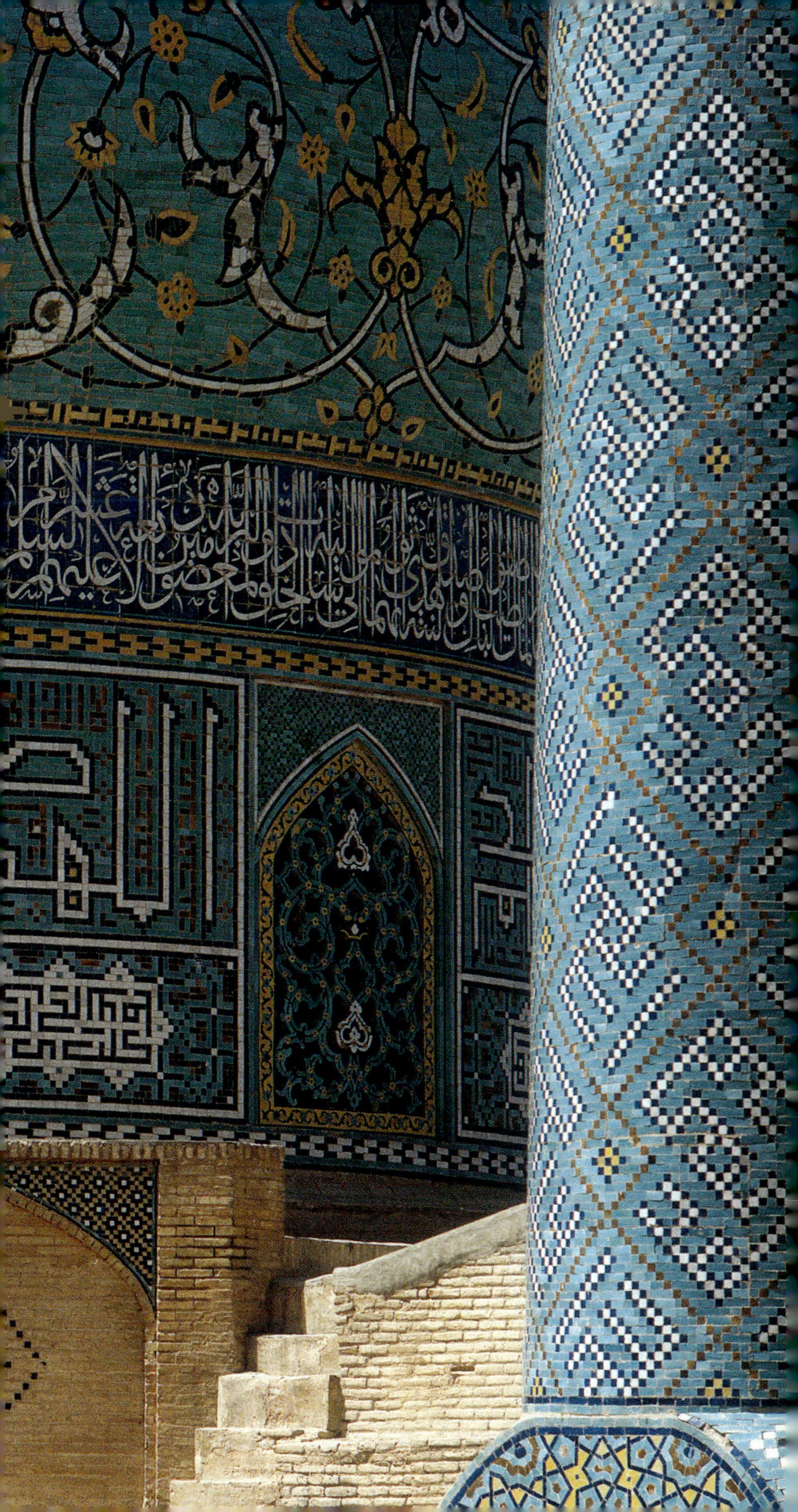

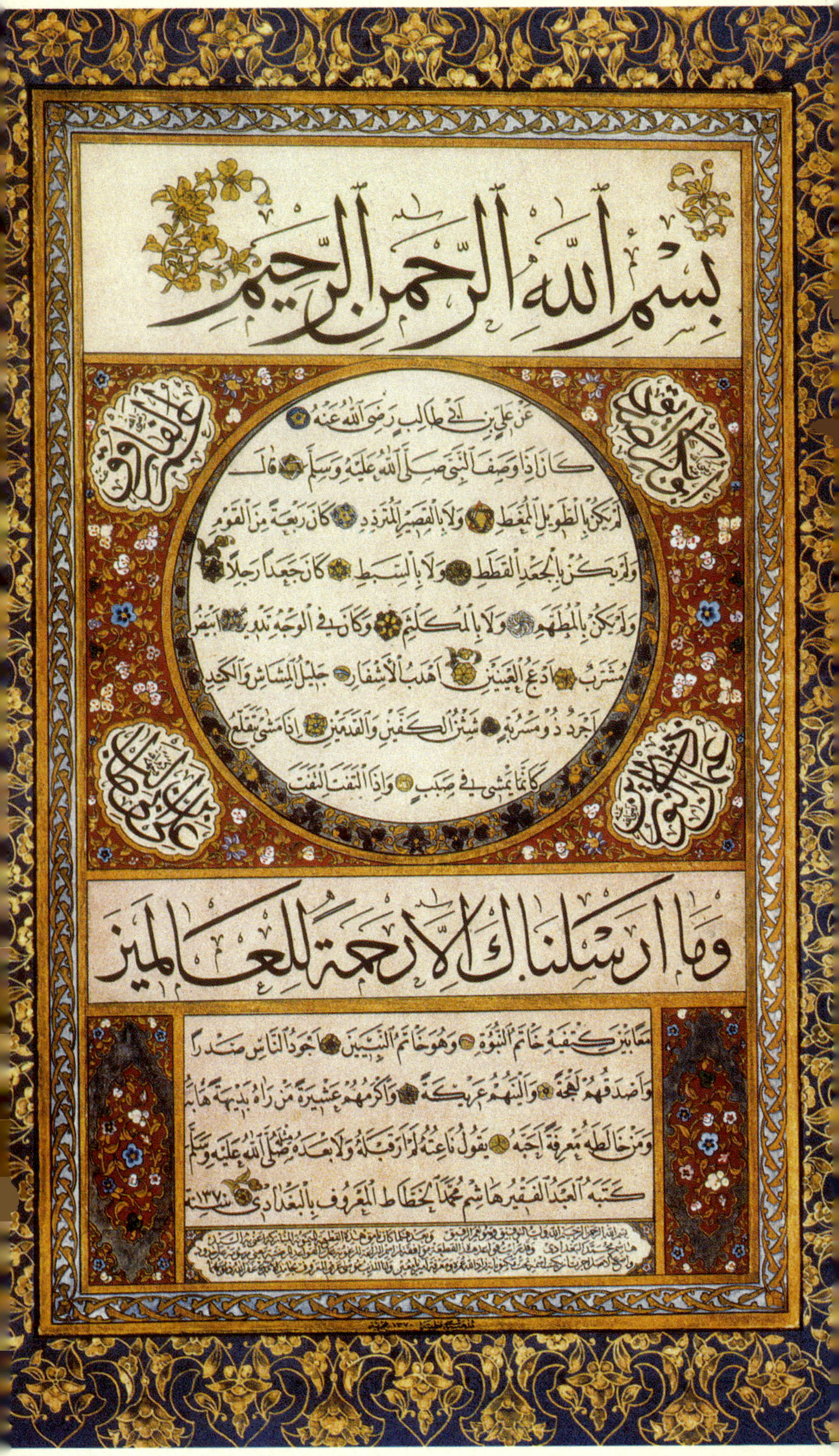

بسم الله الرحمن الرحيم
أبو بكر الصديق
عمر الفاروق
عن علي بن أبي طالب رضي الله عنه
كان إذا وصف النبي صلى الله عليه وسلم قال
لم يكن بالطويل الممغط ولا بالقصير المتردد كان ربعة من القوم
ولم يكن بالجعد القطط ولا بالسبط كان جعدا رجلا
ولم يكن بالمطهم ولا بالمكلثم وكان في الوجه تدوير أبيض
مشرب أدعج العينين أهدب الأشفار جليل المشاش والكتد
أجرد ذو مسربة شثن الكفين والقدمين إذا مشى تقلع
كأنما يمشي في صبب وإذا التفت التفت
علي بن أبي طالب
وما أرسلناك إلا رحمة للعالمين
بين كتفيه خاتم النبوة وهو خاتم النبيين أجود الناس صدرا
وأصدقهم لهجة وألينهم عريكة وأكرمهم عشيرة من رآه بديهة هابه
ومن خالطه معرفة أحبه يقول ناعته لم أر قبله ولا بعده صلى الله عليه وسلم
كتبه العبد الفقير هاشم محمد الخطاط المعروف بالبغدادي

LA CALLIGRAPHIE ARABE RACONTÉE

Jamais une belle calligraphie ne s'offrit à mes yeux
sans les inonder de bonheur.
Oubaïd Allah Al Anbari, Xe siècle

Houlia de Hachem, 1950.

L'écriture* arabe est très peu présente avant l'islam. Elle se développe avec la nécessité de transcrire la parole divine révélée au prophète Mohammed. Elle est alors sacrée et doit magnifier le texte, elle devient calligraphie, un art à part entière, un art du trait, *khat,* qui signifie calligraphie et trait.
Au fil des siècles, l'écriture sera réformée, la calligraphie sera soumise à des règles et évoluera au gré des calligraphes créateurs et de l'influence des cultures diverses rencontrées en terre d'Islam.

I. Les origines de l'écriture arabe

À la période préislamique, en Arabie, la mémoire des tribus nomades est essentiellement transmise oralement, sous forme de poèmes racontant l'histoire, la généalogie, les hauts faits des guerriers et leurs amours. Les caravaniers découvrent l'écriture des peuples voisins. Ils utilisent d'abord divers systèmes pour transcrire leur langue, en particulier une écriture sud-arabique. Puis ils sont influencés par celle des peuples sédentarisés du nord de la péninsule.
Plusieurs hypothèses existent quant aux sources de l'écriture arabe. D'après la première, elle est influencée par une écriture alphabétique, d'origine nabatéenne, dérivée de la cursive araméenne – celle-ci venant elle-même de l'alphabet phénicien d'où découlent tous les alphabets méditerranéens. L'écriture des Nabatéens poursuivant son développement bien après la destruction de leur royaume par les Romains, les Arabes l'auraient utilisée d'abord comme simple aide-mémoire en la faisant évoluer.

Calligraphie de Hachem en style Taliq, 1952.

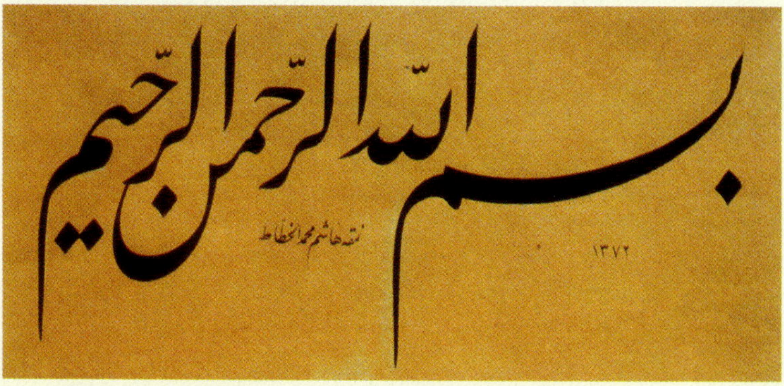

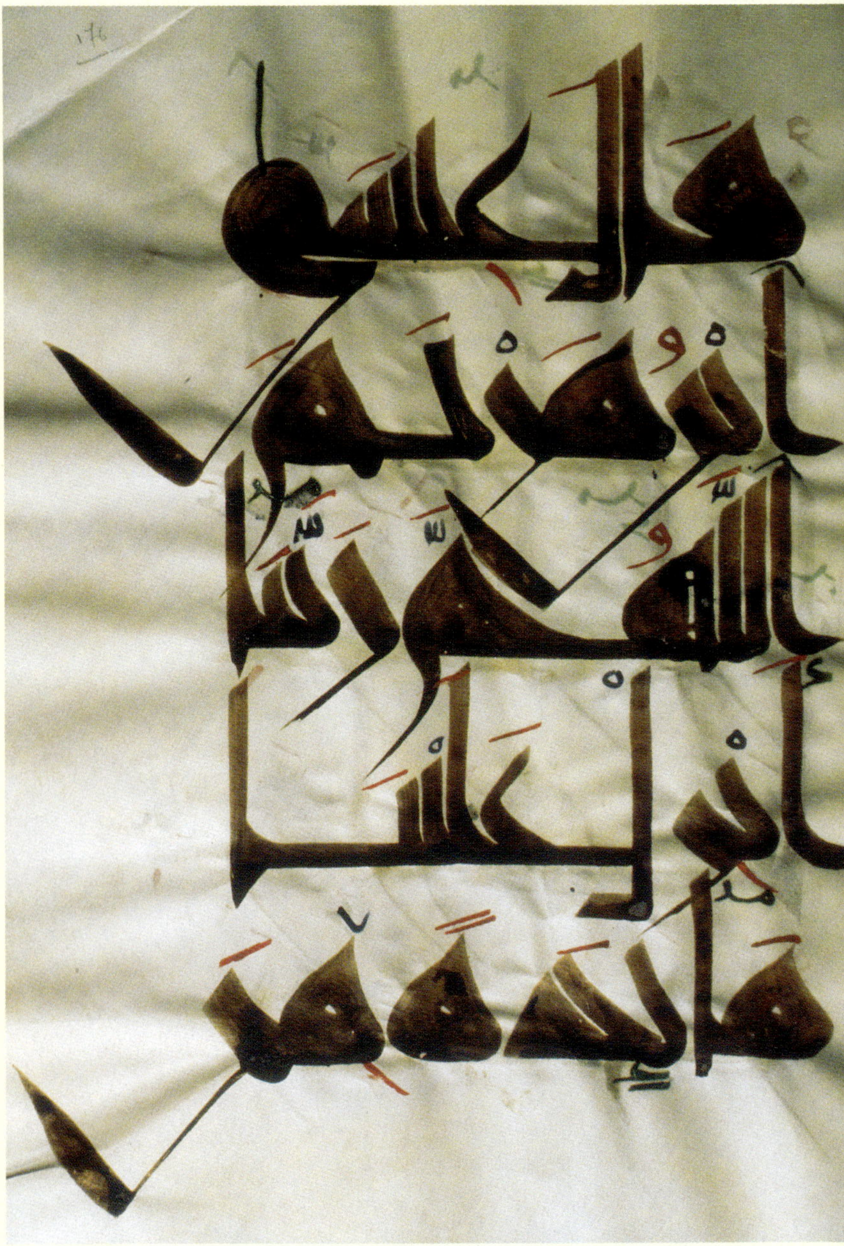

Une deuxième hypothèse donne l'écriture syriaque comme à l'origine de l'écriture arabe, ces deux écritures ayant en commun leur horizontalité et leur ligne de base pour les lettres*.

Ces deux hypothèses reconnaissent toutefois les influences nabatéenne et syriaque, mais à des degrés différents.

Les chroniqueurs arabes rapportent, eux, que des voyageurs venant d'Arabie, apprennent l'écriture à Al Hira et Al Anbar, deux villes irakiennes, où des caravaniers l'auraient importée du Yémen. À leur retour au Hedjaz, en Arabie, ils l'enseignent à un groupe de personnes de la tribu des Koraïche. Parmi eux figurent Ali Ibn Abi Talib – qui deviendra plus tard le gendre du prophète Mohammed et le quatrième calife – et une femme, Al Cheffa. Celle-ci transmettra son savoir à Hafça, l'une des futures épouses de Mohammed.
Plusieurs sources ont sans doute enrichi l'écriture arabe. L'aspect de ses lettres revêt deux formes dominantes, l'une cursive et l'autre rigide, appelée plus tard le Koufi*.
En 611, Mohammed reçoit la révélation coranique; il est analphabète et récite les sourates (chapitres) à ses compagnons qui les apprennent par cœur. D'autres personnes spécialisées, les détenteurs de la mémoire, ont la charge d'apprendre les textes sacrés et de les transmettre. L'oralité continue, même si on a retrouvé, datant de cette époque, quelques traces d'écriture sur des pierres, des morceaux de peau et des objets de la vie courante.
En 622, Mohammed et ses compagnons quittent La Mecque pour Médine. C'est l'an un de l'ère islamique, appelée hégire. Dans l'entourage du Prophète, quelques personnes ont alors le rôle de secrétaire-calligraphe, écrivant du courrier ou des fragments de textes sacrés.
À la mort du prophète Mohammed, en 632, la parole divine est toujours apprise par cœur. Le Coran n'est pas encore écrit.

Page de Coran en style Koufi, sur parchemin, début du XIe siècle. Grande mosquée, Kairouan, Tunisie.

II. Les débuts de la calligraphie

A. Naissance de la calligraphie

La ville de Koufa est fondée en 638, en Irak, sur l'Euphrate. C'est un ancien camp militaire sédentarisé et grossi d'immigrés venus d'Al Hira et Al Anbar. Le développement économique et intellectuel de Koufa donne un essor à la calligraphie naissante, qui est alors appelée le Koufi. Malgré l'importance de ce mouvement, la tradition orale se poursuit, y compris pour la parole révélée. Mais les détenteurs de la mémoire de cette parole sacrée vieillissent, certains meurent. Omar (le futur deuxième successeur du prophète) et Abou Bakr (le premier successeur du prophète) projettent de réunir tous les textes déjà transcrits et de consigner ce qui est oral. Mais Abou Bakr hésite encore en arguant que Mohammed n'a jamais évoqué la question de regrouper les textes coraniques en un livre. Finalement convaincu qu'il est temps d'agir, il demande à quelques secrétaires-calligraphes, comme Zaïd Ibn Thabite, de rassembler tous les documents épars écrits sur

des feuilles de palmier, des morceaux de peau, d'os de chameau ou de poterie. C'est la première tentative de réunion des textes coraniques.
Vers 647, des dissensions éclatent entre les habitants de la Syrie et de l'Irak autour de certains textes sacrés. Il y a donc nécessité de les fixer définitivement.
En 653, le calife Othman (644-656) consulte les compagnons du Prophète et demande à Hafça, la femme de Mohammed, le texte qu'elle possède. Un comité de calligraphes se forme et quelques copies sont réalisées du premier livre écrit en arabe, le Coran. Le Coran étant un texte sacré, la calligraphie le devient aussi. Les premiers Corans sont en style* Hijazi, une écriture simple dont les hampes des lettres penchent vers la droite.

B. Création des premiers styles calligraphiques

À partir des premiers exemplaires du Coran, des copies sont réalisées dans les pays nouvellement islamisés, chaque calligraphe apportant une nuance graphique locale. Des styles naissent, différents selon leur provenance géographique : le Mekki (de La Mecque), le Bassri (de Bassora), divers styles Koufi, etc.
Sous le califat des Omeyyades (660-750), dont la capitale est Damas, l'intérêt pour la calligraphie grandit. L'un des premiers calligraphes, Qoutbah Al Mouharrir, invente un style, le Tomar, pour les courriers diplomatiques. Ce style ample est réalisé sur une feuille de la dimension d'une coudée, à l'aide d'un calame* très large. Il crée un deuxième style, le Jalil, réservé aux calligraphies ornant les pourtours des portes de mosquées* et des mihrabs, niches qui marquent la direction de la Kaaba* à La Mecque. Plus tard, il conçoit trois autres styles dérivant du Tomar, des variantes proportionnelles à la largeur du bec du calame (voir Coupe du bec) et à la taille du papier. Il les nomme le Thoulth* (le tiers), le Nisf (la moitié) et le Thoulthaine (les deux tiers). Al Mouharrir ouvre ainsi le champ à la création en calligraphie arabe.
En 691-692, est construit à Jérusalem le Dôme du Rocher, l'un des premiers monuments à être orné de calligraphie (voir Calligraphie sur monument). Celle-ci est réalisée en mosaïque*, ce qui contraint le calligraphe à inventer une écriture géométrique linéaire qui épouse les formes de l'architecture.
C'est là le point de départ d'un phénomène important : la suppression de la représentation figurée dans tous les nouveaux monuments religieux en terre d'Islam. L'image* se réduit à la miniature dans les livres, tandis que la calligraphie devient monumentale, perdant parfois en lisibilité, mais gagnant en esthétique.

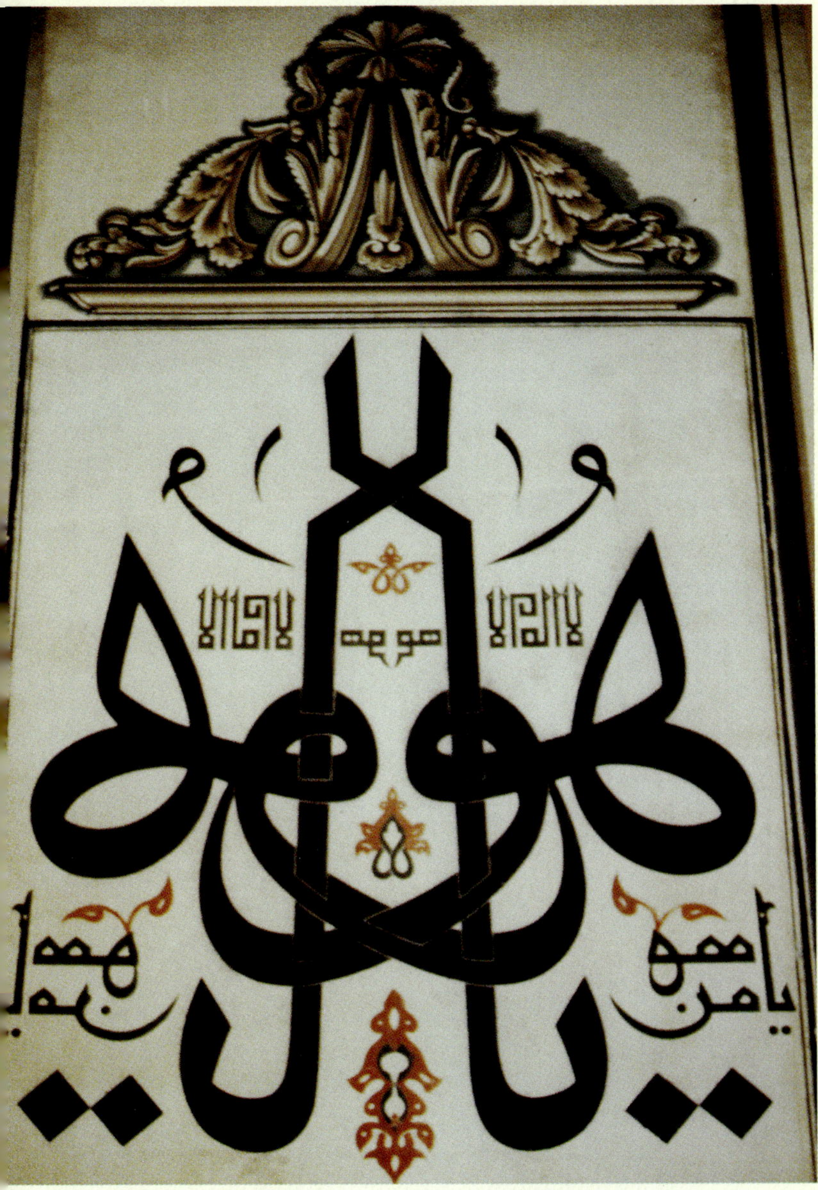

À cette époque, l'écriture cursive, souple et arrondie, est souvent utilisée pour le courrier, les contrats et tout écrit de la vie quotidienne. L'écriture plus rigide, le Koufi, est, elle, employée pour copier le Coran, graver des sourates sur les mihrabs ou sur les portes des mosquées. Khalid Ibn Al Hayyaj, calligraphe du calife Al Walid (règne 705-715), écrit le Coran d'une façon jusque-là jamais vue et qui, selon les chroniqueurs de l'époque, étonne ses contemporains. Calligraphiant des livres de poésie et d'histoire, il est aussi l'auteur des calligraphies qui décorent la mosquée de Médine, dont les lettres sont tracées avec de l'or.

Calligraphie de style Thoulth en miroir, XIXe siècle. Mosquée Ulu, Bursa, Turquie.

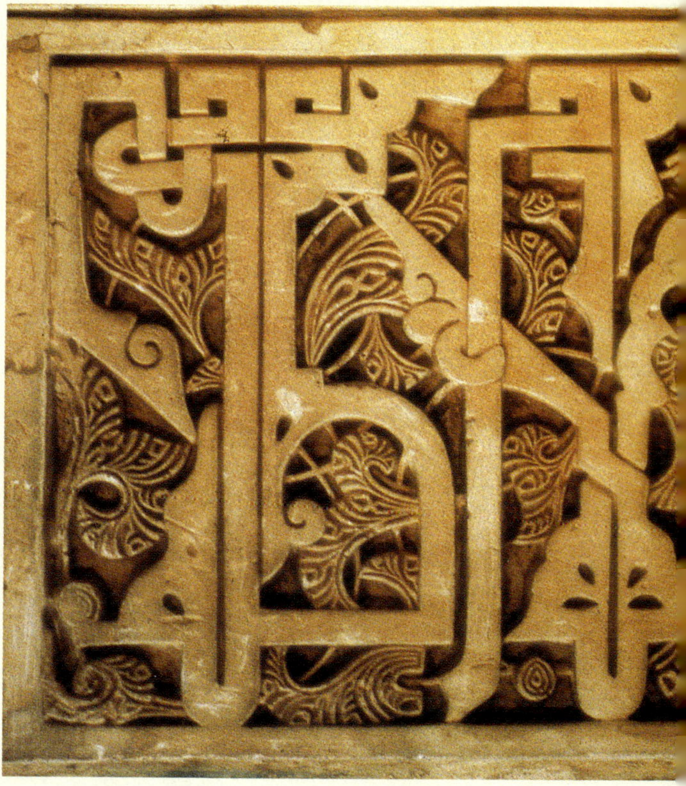

C. Premières réformes de l'écriture

En Irak, Bassora devient, elle aussi, un foyer culturel dynamique. Son préfet, le *wali* Ziad Ibn Soumia, se rend compte que l'écriture arabe est difficile à lire, et demande au grammairien Abou Al Aswad (mort en 688) de la simplifier.

L'écriture arabe est consonantique, c'est-à-dire que les voyelles brèves ne sont pas tracées, seules figurent les voyelles longues, représentées chacune par une lettre. Abou Al Aswad conçoit donc une première réforme qui consiste à mettre des points* rouges au-dessus ou au-dessous des consonnes, afin d'indiquer les voyelles brèves.

En 685, deux de ses élèves, Nasr Ibn Asim et Yahya Ibn Yamour, accomplissent une nouvelle réforme. Ils ajoutent des points* diacritiques pour différencier les lettres semblables.

À la même époque, le calife Abd Al Malik (règne 685-705) ordonne l'utilisation de la langue arabe, donc de son écriture, dans l'administration, ce qui élargit l'intérêt porté à la calligraphie arabe. Auparavant, on utilisait le copte en Égypte, le byzantin en Syrie et le perse en Irak.

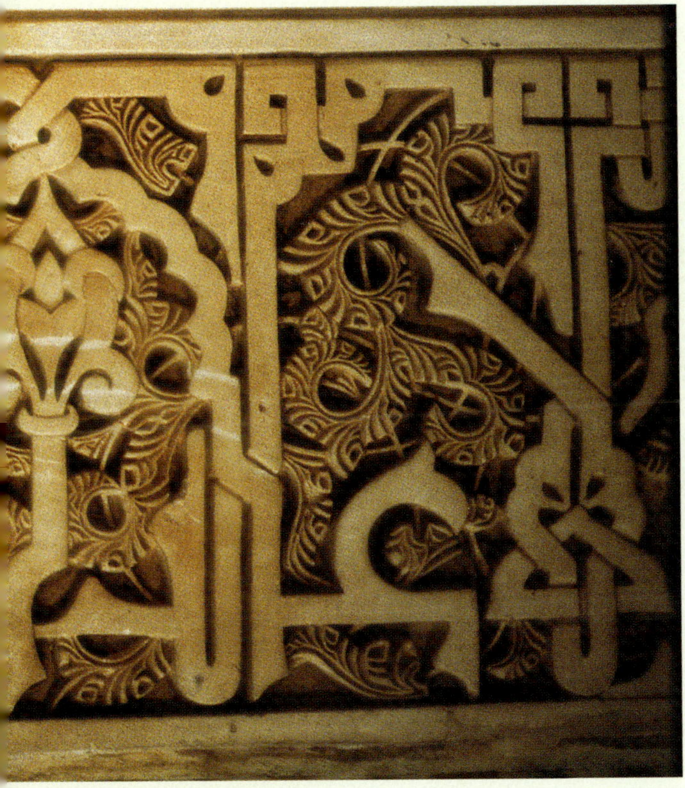

Calligraphie monumentale en style Koufi, XIIIe siècle. Palais de l'Alhambra, Grenade, Espagne.

III. L'ÉPANOUISSEMENT DE LA CALLIGRAPHIE

La calligraphie donne la maîtrise
de la beauté au prince,
de la perfection au riche,
et de la richesse au pauvre.
Ibn Al Mouqaffa (720-756)

A. Sous la dynastie abbasside (750-1258)

Au début de la dynastie abbasside, avec Bagdad pour capitale, les calligraphes Al Dahak et Ishak ajoutent légèreté et élégance aux styles Thoulth et Thoulthaine, dont ils popularisent l'usage. À leur époque, le nombre de styles augmente : on en compte une douzaine, tous différents et liés à un usage particulier.

Le calife Haroun Al Rachid (766-809) ordonne à l'administration de ne plus utiliser le parchemin, sur lequel l'écriture peut aisément être effacée, mais le papier*, difficilement falsifiable. L'emploi du papier, d'un coût bien moindre, simplifie le travail du calligraphe et donne de l'ampleur à la calligraphie.

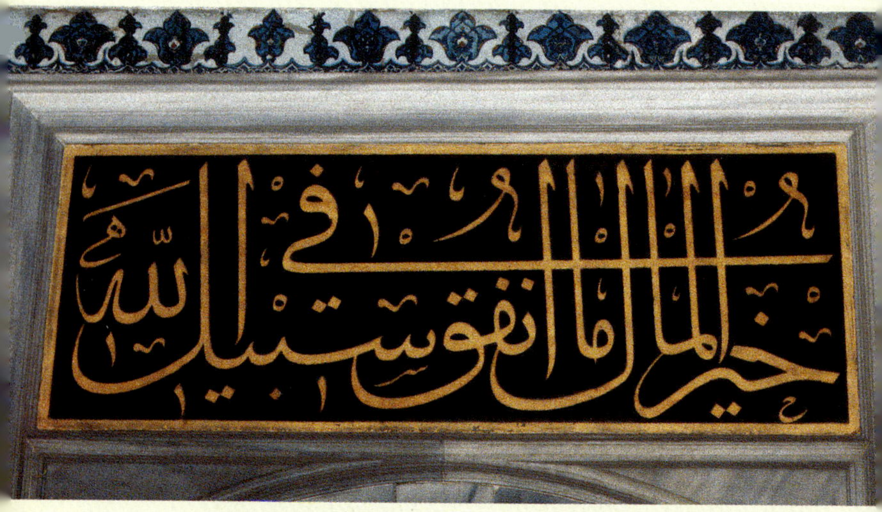

Calligraphie en style Thoulth. Palais de Topkapi, Istanbul, Turquie.

L'Empire islamique est maintenant très vaste. L'Islam fédère des peuples de cultures diverses qui ont leur propre interprétation de chaque style calligraphique, suivant leur sensibilité. Le Koufi, principalement utilisé pour écrire le Coran, n'a pas le même aspect selon qu'il est calligraphié en Inde, en Irak, en Égypte ou en Andalousie. Au sein de cette civilisation plurielle, véritable carrefour de cultures, les lettres sont partout identiques, mais leur forme est évolutive.

a) La deuxième réforme de l'écriture

Al Farahidi (mort en 786) conçoit une nouvelle réforme afin de clarifier la prononciation et de simplifier encore davantage l'écriture. Il remplace les points rouges de vocalisation, instaurés par Abou Al Aswad, par des signes spécifiques ne pouvant prêter à aucune confusion. Ils sont tracés au-dessus ou au-dessous des lettres, avec la même encre* mais avec un calame plus fin que celui servant au corps des lettres (voir Signe de vocalisation). Bien que rejetées pendant quelques siècles par les conservateurs, cette réforme et la précédente sont finalement adoptées par tous et toujours en vigueur actuellement.

b) Un foisonnement d'innovations

La calligraphie est le jardin du savoir.
Calife Al Mamoun, IXe siècle

Le IXe siècle connaît de nombreux calligraphes formés par la transmission de maître* à disciple. Ils sont issus aussi bien de la haute société – princes, ministres ou scientifiques – que des milieux populaires.

Les disciples d'Ishak sont nombreux. Parmi eux figurent Ahmed Al Qalbi, le secrétaire-calligraphe du calife Al Mamoun (règne 813-833), et Ibrahim Al Chajari (mort en 825). On attribue à ce dernier l'invention de deux variantes très fines du Thoulth et du Thoulthaine – le Khafif al Thoulth (un tiers léger) et le Khafif al Thoulthaine (deux tiers léger) –, ainsi qu'un affinement du style Jalil.

Son frère, Yousouf Al Chajari, conçoit une écriture élégante au tracé mince, le Riyassi, très appréciée du ministre Al Fadel Ibn Sahal qui demande son utilisation pour le courrier diplomatique et les actes officiels.

Son disciple, Al Ahwal Al Moharrir, crée lui aussi des styles d'écriture. Les deux plus connus sont le Moussalsal, où toutes les lettres s'attachent en chaîne, et le Ghibar (la poussière), utilisé pour le courrier envoyé par pigeon voyageur. Il a également apporté des améliorations esthétiques à tous les styles utilisés à son époque. Enfin, il aurait inventé une manière étonnante de tailler ses calames.

c) Les grands maîtres créateurs

Ibn* Moqla (886-940) continue la chaîne des calligraphes. Il instaure des règles géométriques pour le tracé des lettres. Toutes les générations de calligraphes ont perfectionné les styles cursifs, mais Ibn Moqla en augmente la noblesse. Pour la première fois, il utilise un style cursif, qu'il nomme le Neskh*, pour calligraphier le Coran, qui l'avait toujours été en Koufi jusqu'alors. Le Neskh devient le style des copistes et simplifie la lecture du texte sacré.

Ibn* Al Bawwab (mort en 1022) perfectionne encore le tracé calligraphique en donnant une grâce, une élégance et une majesté monumentale à ses lettres ; il crée aussi des styles nouveaux.

Au XIIe siècle, de nombreux calligraphes réputés sont les héritiers d'Ibn Al Bawwab. Des femmes pratiquent également la calligraphie et transmettent leur enseignement. Parmi elles, Fatima Al Bagdadia calligraphie en 1087 le traité de paix signé entre le calife de Bagdad

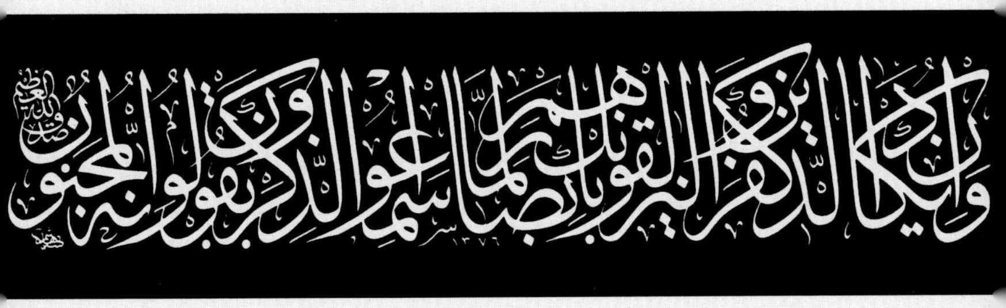

Calligraphie de Hachem en style Thoulth, Irak, 1956.

Calligraphie en stuc, XIIIe siècle. Palais de l'Alhambra, Grenade, Espagne.

Al Qaïmbiallah et le roi de Byzance. La théologienne et calligraphe Shouhda Bint Al Aberi (1089-1178) a, quant à elle, de nombreux disciples.

Le troisième grand nom de la calligraphie arabe est Yacout* Al Moustassemi (1203-1298), qui a assimilé la méthode d'Ibn Al Bawwab. Il coupe le bec du calame de manière oblique, ce qui permet d'avoir des déliés très fins et élégants. Il institue comme obligation, pour devenir un calligraphe reconnu, de maîtriser six styles, les autres restant facultatifs.

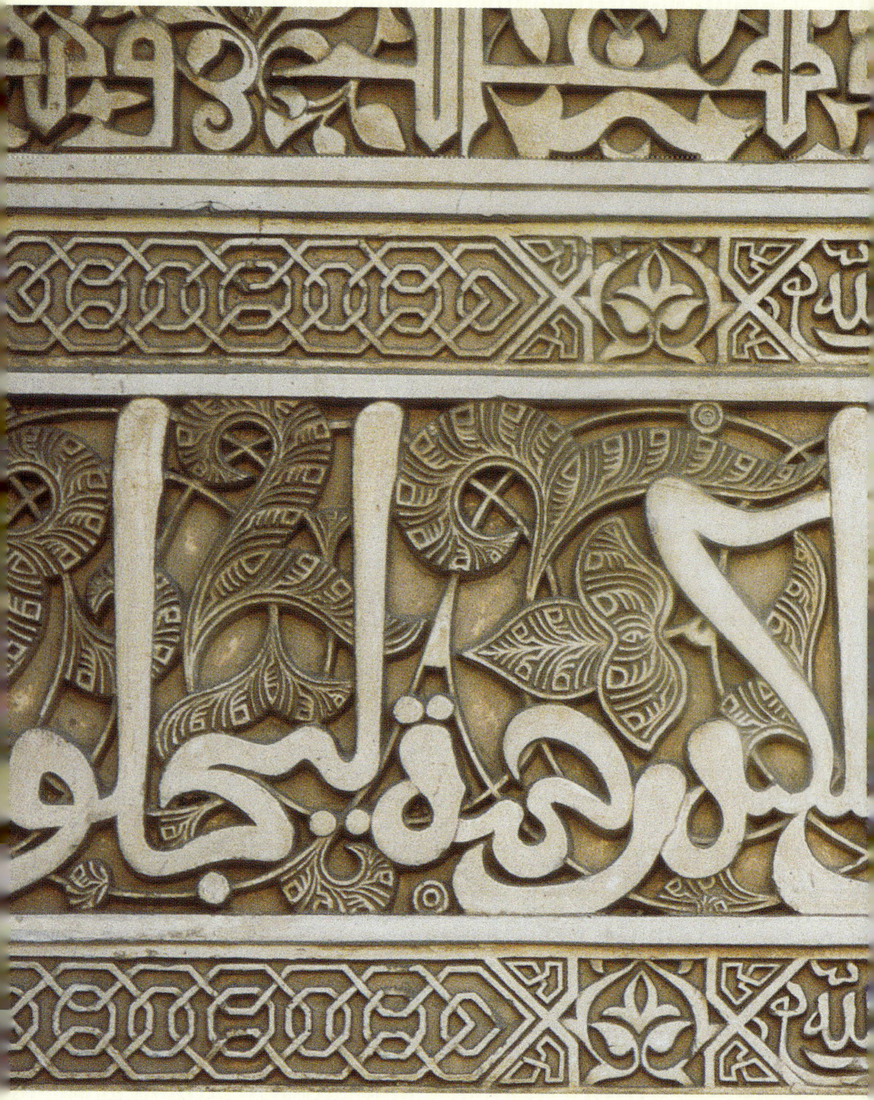

L'époque abbasside est une période de grande émulation, où chaque calligraphe crée de nouveaux styles : un style réservé au calife, un pour les ministres, d'autres pour la poésie, les traités et contrats de vente, les finances, la défense… Elle est aussi prospère pour les calligraphes, comme en témoigne Ibn Al Habib Al Halabi : « Le métier de calligraphe est devenu à notre époque la fonction la plus noble, la science la meilleure et le produit le plus rentable. » Le calligraphe appartient à une catégorie sociale privilégiée et occupe souvent de hautes fonctions, outre son métier. Malheureusement, il ne subsiste

Page suivante
Mosquée Ulu, Bursa, Turquie.

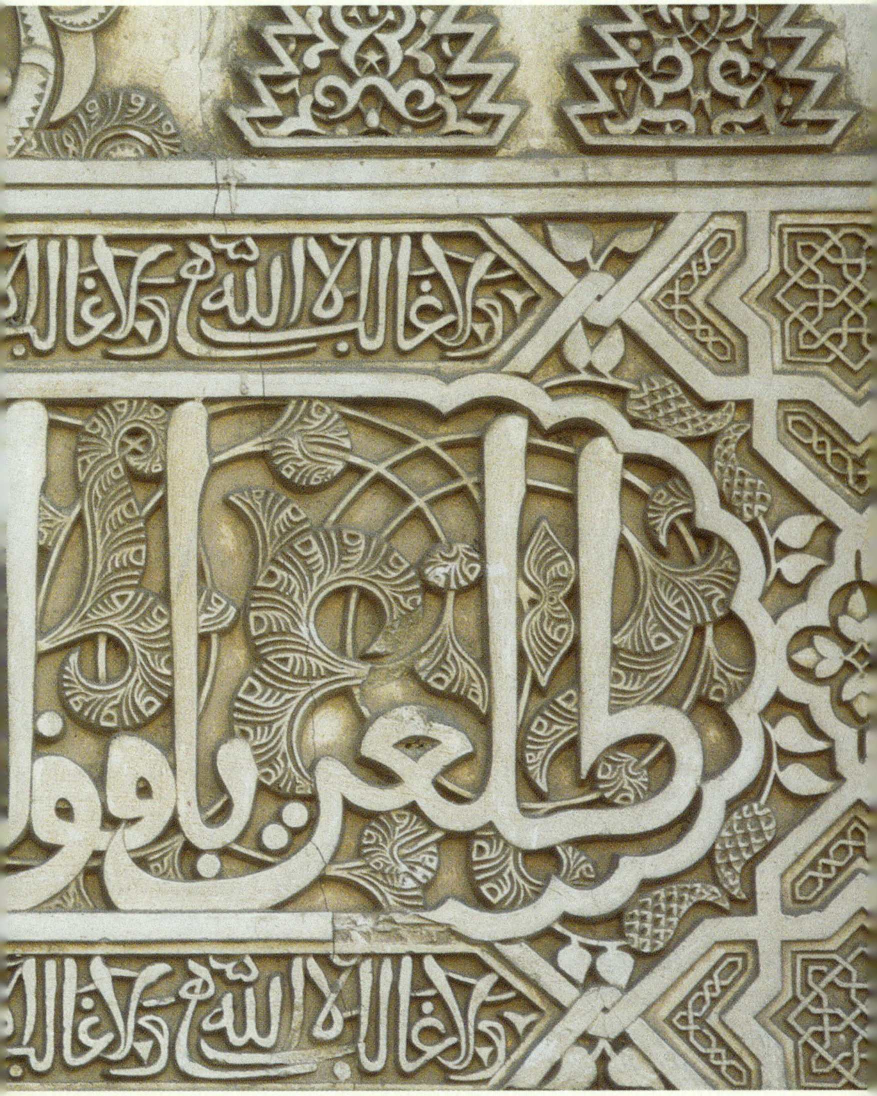

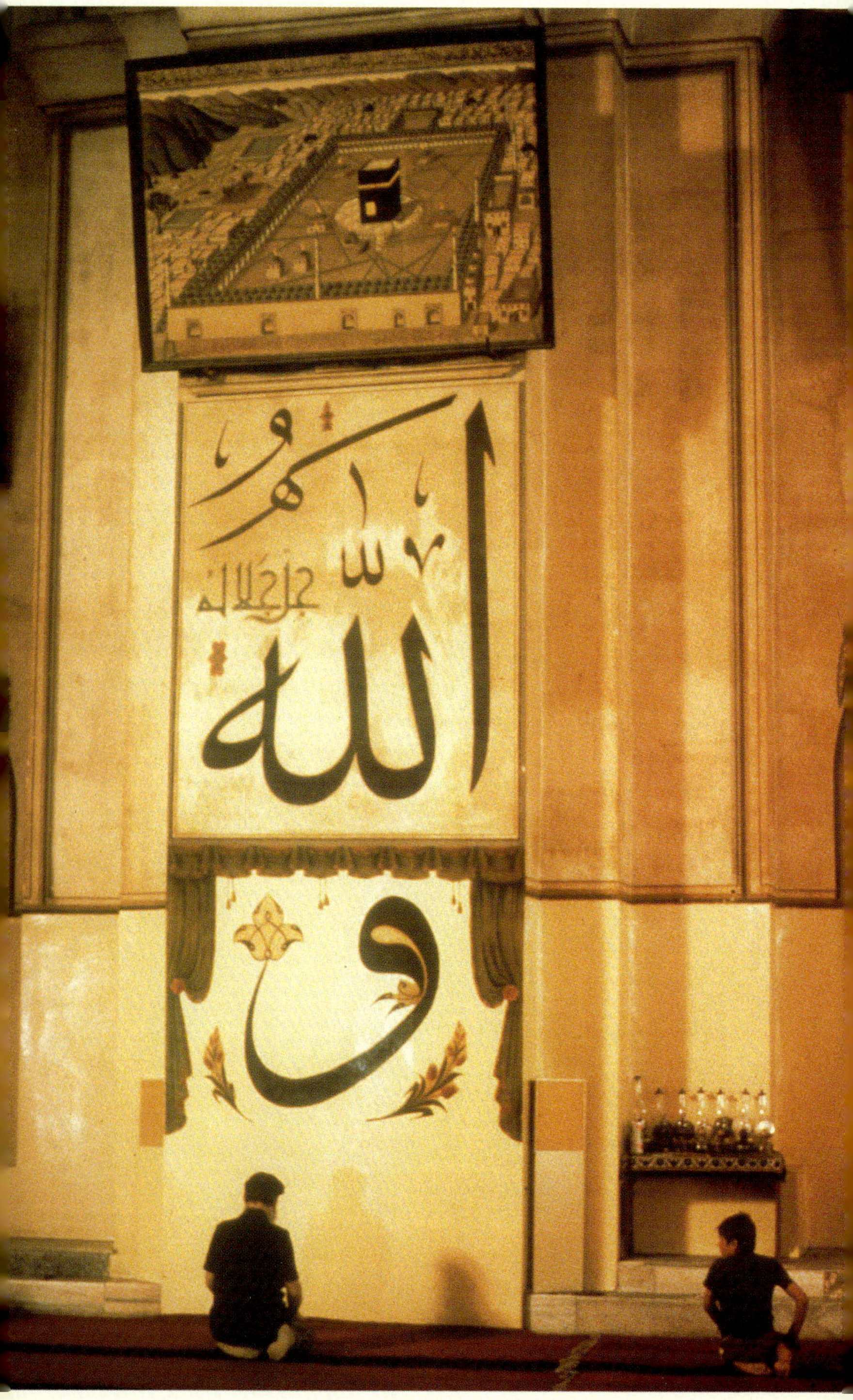
الله أكبر
جل جلاله
و

pas de calligraphies de tous les grands calligraphes, et certains ne nous sont connus que de réputation.

L'écriture est présente partout : dans les livres bien sûr, mais également sur les monuments, les vêtements, la vaisselle, les meubles, etc.

Sur les monuments, la calligraphie n'est alors plus utilisée comme message à lire, mais en tant que signe* reçu dans sa totalité et sur lequel on peut méditer. Les calligraphes réalisent des compositions* de mots et de phrases définies par une structure géométrique et rythmique, au détriment du texte qui devient parfois illisible.

B. Les autres grands foyers de la calligraphie

De la période mamelouk (1250-1517), il nous reste des livres de très grand format – jusqu'à un mètre de haut –, comme ceux de la Bibliothèque nationale du Caire. La calligraphie y est monumentale. À cette époque également, de très belles calligraphies ont été sculptées sur les monuments du Caire, dont les mots sont rythmés par les lettres alif* et lam ال.

Dans les pays du Maghreb et en Andalousie, des styles spécifiques sont créés et prennent le nom de leurs villes d'origine : le Kairouanais (de Kairouan en Tunisie), le Fassi (de Fès au

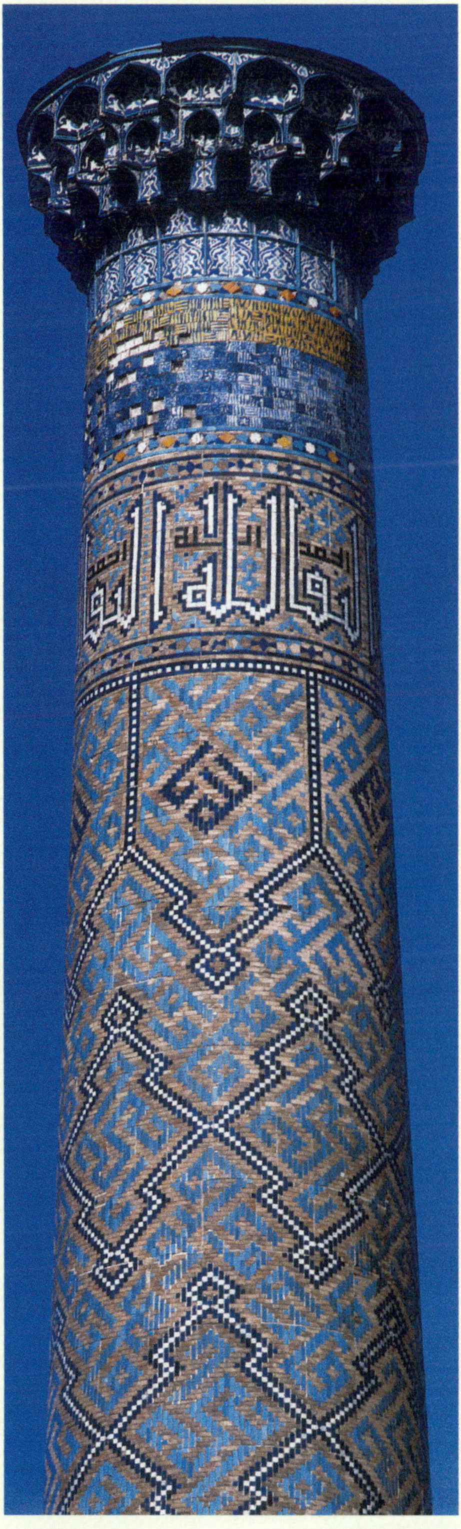

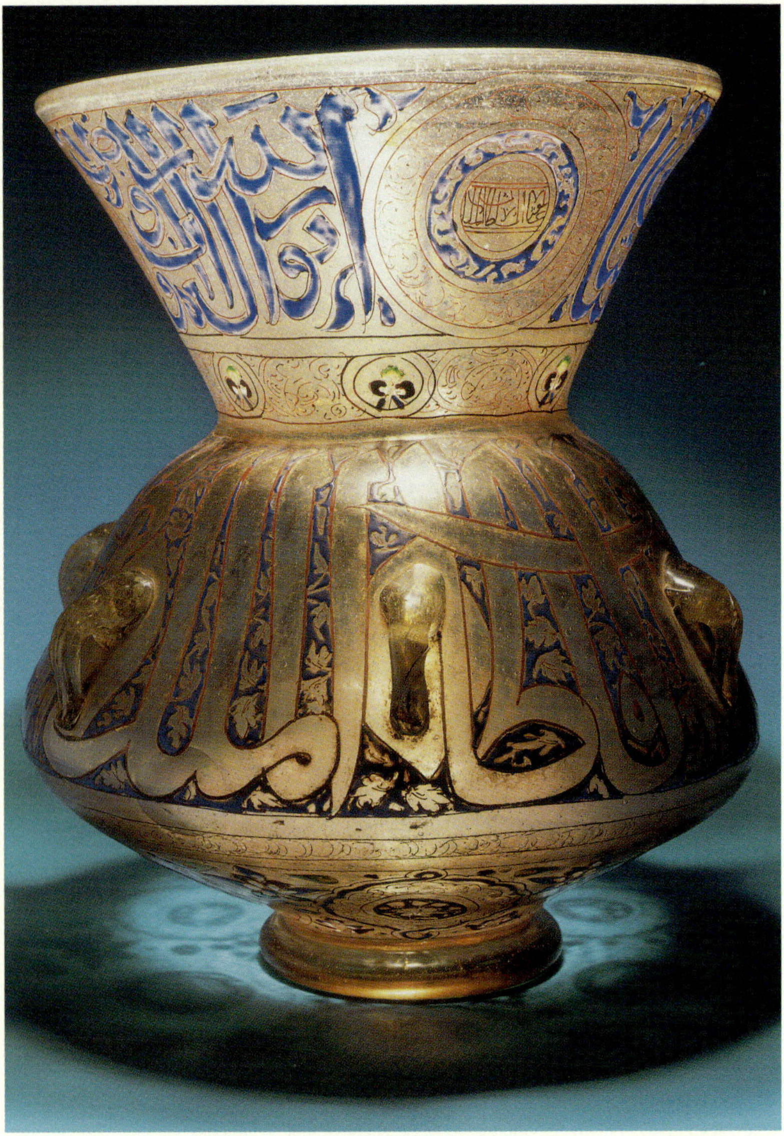

Page précédente
Minaret de la madrasa Chir Dor, XVIIe siècle. Samarkand, Ouzbékistan.

Maroc), l'Algérien, le Cordobi (de Cordoue en Espagne). Certaines villes ont un style qui domine et influence toute une région ; tel est le cas du Fassi. Les calligraphes oranais ayant étudié à Fès, l'écriture Wahrani (d'Oran) est marquée de l'empreinte du style Fassi, dont il diffère par son épaisseur. Ces styles Maghrebi* sont des variantes du Koufi et du Neskh, mais ils ont la sensibilité de leur ville d'origine. En observant ces écritures, on a l'impression qu'il y a autant de styles que de calligraphes.

L'Iran, dont la langue est différente mais qui utilise l'alphabet arabe, a donné de nombreux calligraphes. Le plus célèbre est Mir Ali Tabrizi (mort en 1396), qui a inventé le Taliq*, un style aérien, aux lignes d'une grande élégance et qui semblent flotter dans l'espace.
Tous ces créateurs nous montrent que, si les codes* de la calligraphie sont très stricts, ils ne nuisent en rien à la créativité et que chaque siècle apporte de nouvelles créations. L'héritage des anciens est étudié pendant des années et assimilé par le calligraphe qui, face à la feuille de papier blanc, laisse son imaginaire se dévoiler. Le calligraphe Ibrahim Al Souli disait : « Quand le calame devient tyran, il lie les lettres séparées et sépare celles qui étaient liées. »
Le calligraphe, en plus du sens, transmet au texte sa propre sensibilité artistique. Il peut ainsi donner plusieurs versions d'une même phrase, qui seront encore différentes de l'interprétation d'un autre calligraphe.

Page ci-contre
Lampe en verre émaillé, au nom du sultan Hassan, XIVᵉ siècle, Le Caire, Égypte. Paris, musée du Louvre.

Calligraphie en style Koufi, XVIᵉ siècle. Madrasa Ben Youssef, Marrakech, Maroc.

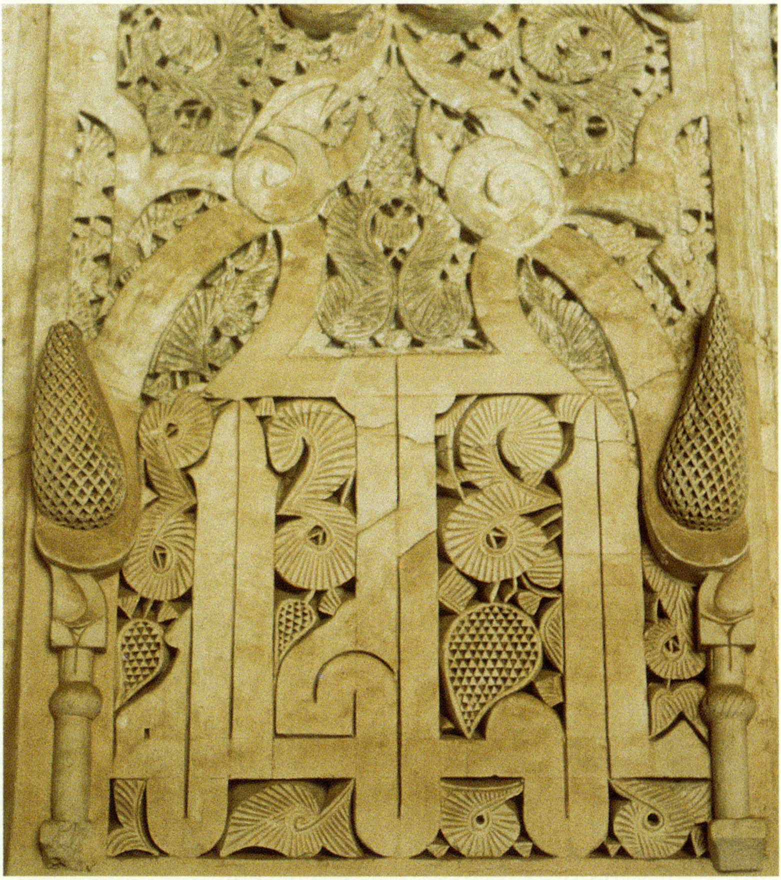

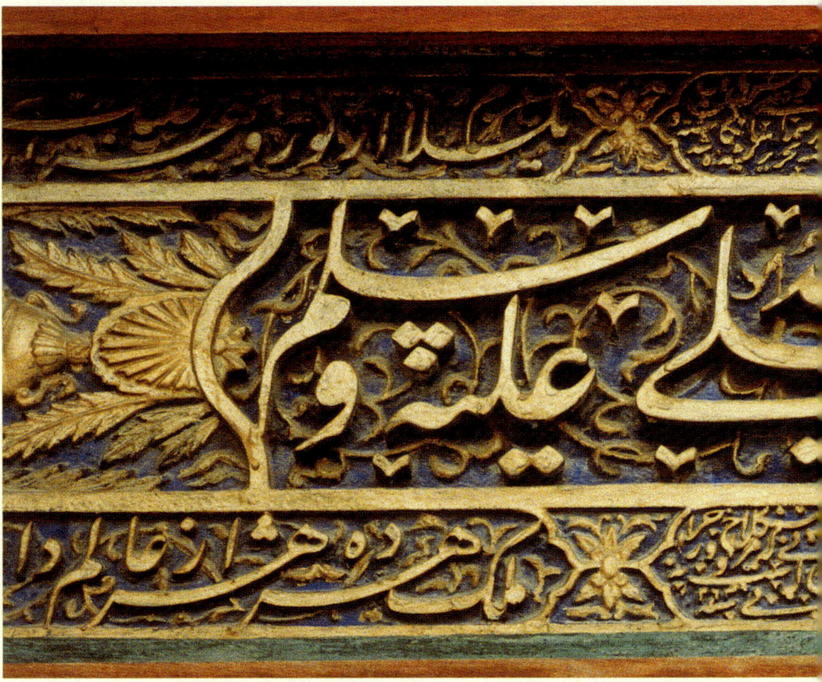

Calligraphie en style Taliq, XIXe siècle. Mosquée Ali Pacha, Le Caire, Égypte.

IV. L'ÂGE CLASSIQUE DE LA CALLIGRAPHIE : LA PÉRIODE OTTOMANE

La période ottomane (début du XIVe siècle-1924) est très riche en calligraphes de renom. Les divers sultans qui se succèdent sont, pour la plupart, de grands mécènes et font venir les calligraphes à leur Cour. Les calligraphes ottomans assimilent tout le passé et font preuve de beaucoup d'imagination dans leurs créations. Ils ont également une grande admiration pour la calligraphie persane et en sont très influencés. Sont ainsi calligraphiés un nombre considérable de corans, des milliers de manuscrits* enluminés traitant de sujets scientifiques, de poésie, de contes ou d'épopées, ainsi que les monuments tant civils que religieux.

Le sultan Mehmed II (règne 1451-1481) reconstruit Istanbul et débute un grand chantier où la calligraphie est présente sur tous les monuments publics; les calligraphes affluent en provenance de tout l'empire. Istanbul sera le dernier grand foyer d'expression de la calligraphie arabe.

Cheikh* Hamadoullah Al Amassi (1436-1520) est l'un des plus grands maîtres. Il perfectionne les six styles obligatoires, mais surtout le Thoulth et le Neskh, en leur donnant plus d'équilibre et de vigueur. À partir du début du XVIe siècle, la manière de calligraphier

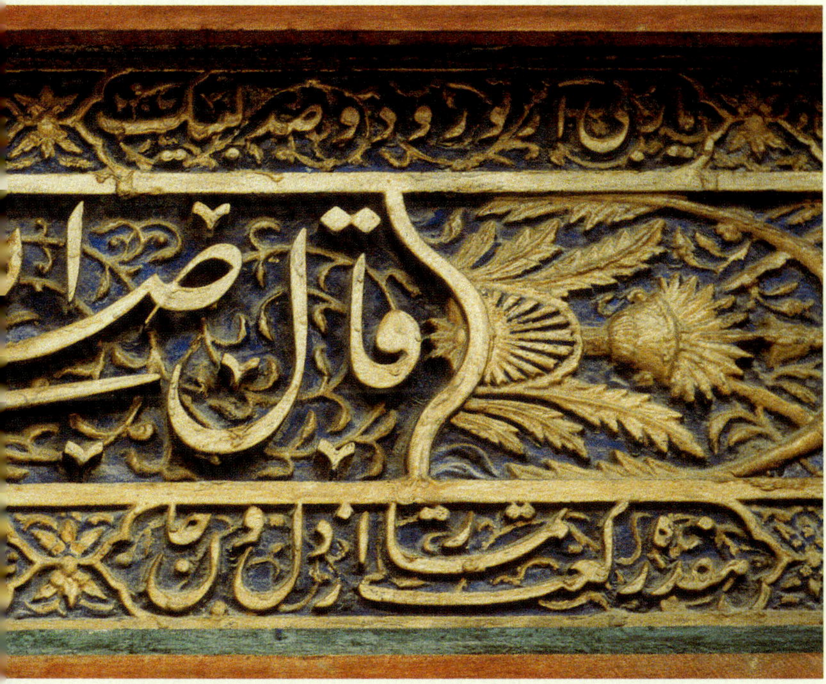

de Cheikh Hamadoullah s'impose et influence le milieu calligraphique de l'Empire ottoman.
Ahmed Qarahissari* (1469-1556) est l'un des rares calligraphes à avoir un style très personnel. Bien qu'il se réfère aussi à celui de Yacout Al Moustassemi, il a une manière bien particulière de réaliser des calligraphies monumentales. Il est sous la protection du sultan Soliman le Magnifique.
Hafez* Othman (1642-1698) continue à améliorer l'esthétique des lettres et fait une synthèse des œuvres des grands maîtres, en y ajoutant pureté et simplicité. Il calligraphie pas moins de vingt-cinq copies du Coran.
Moustapha Rakim* (1757-1826) est célèbre pour son style Thoulth Jeli, utilisé sur le pourtour des portes et des murs des mosquées. Il réalise des compositions monumentales et spatiales, influencées par l'architecture.

Au XVIIIe siècle, l'introduction de l'imprimerie est freinée par les conservateurs. Au XIXe siècle, elle fait lentement son apparition mais a encore peu d'effet sur la calligraphie. Elle effraie néanmoins les calligraphes au point qu'ils manifestent dans les rues d'Istanbul, en défilant avec des cercueils emplis de leurs calames.

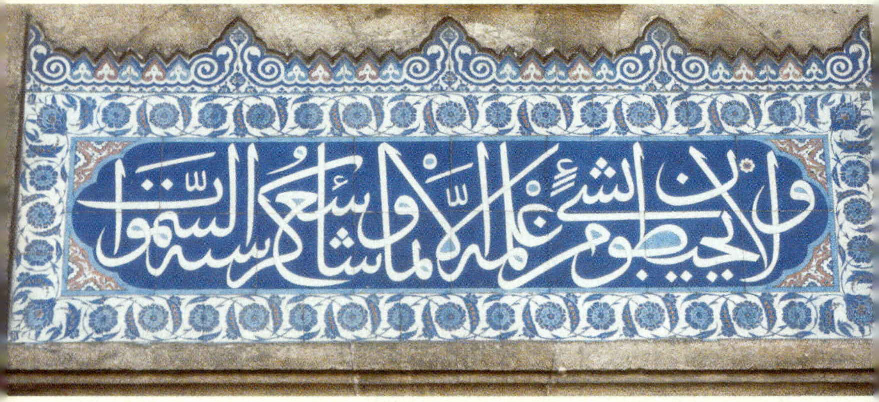

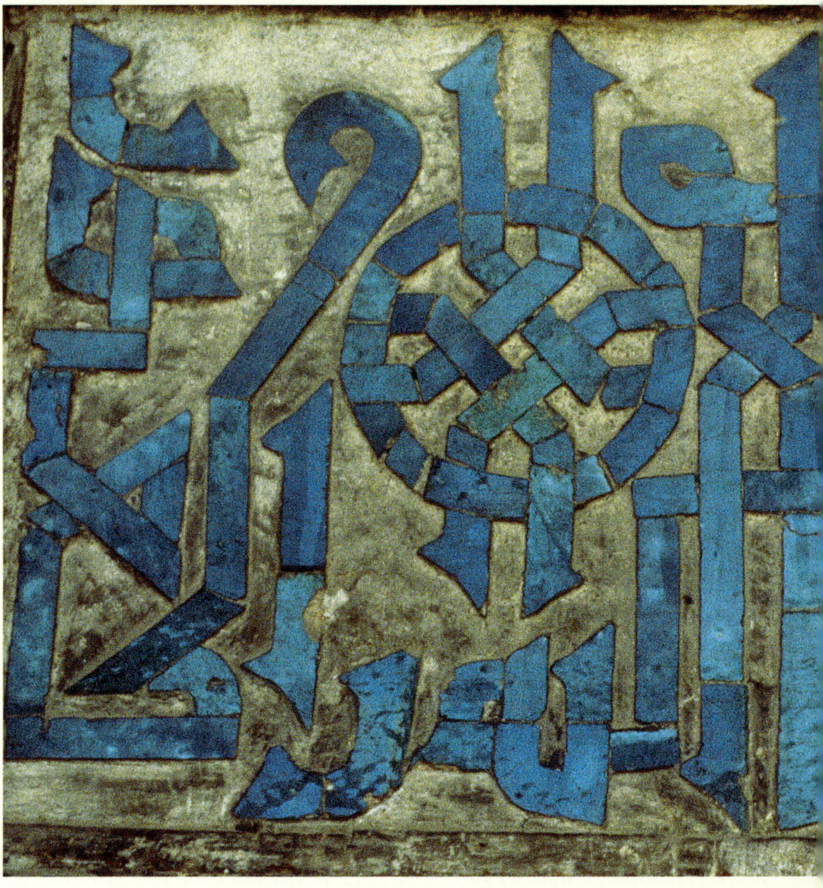

En 1928, le remplacement de l'alphabet arabe par le latin pour transcrire la langue turque gèle le dernier mouvement artistique important de la calligraphie arabe.

Aujourd'hui les images envahissent la société arabo-musulmane par la télévision, les magazines et l'Internet. La calligraphie ne joue plus le même rôle. Les moyens modernes de reproduction prennent souvent la place du calligraphe, mais ne peuvent égaler l'élégance et la beauté de son geste. De nombreux peintres arabes contemporains redécouvrent la lettre et la mêlent à leurs œuvres.

Au cours des siècles, la calligraphie a évolué. Elle s'est enrichie des recherches et créations des grands maîtres. Elle n'est jamais restée figée et elle doit poursuivre son évolution. Le calligraphe, sans renier les règles de la calligraphie, les transgresse parfois (voir Calligraphie contemporaine) afin d'exprimer sa sensibilité et celle de son époque, tout en restant en dialogue constant avec ses prédécesseurs.

Calligraphie en style Thoulth, Palais de Topkapi, Istanbul, Turquie.

Koufi tressé, XIIIe siècle. Sivas, Turquie.

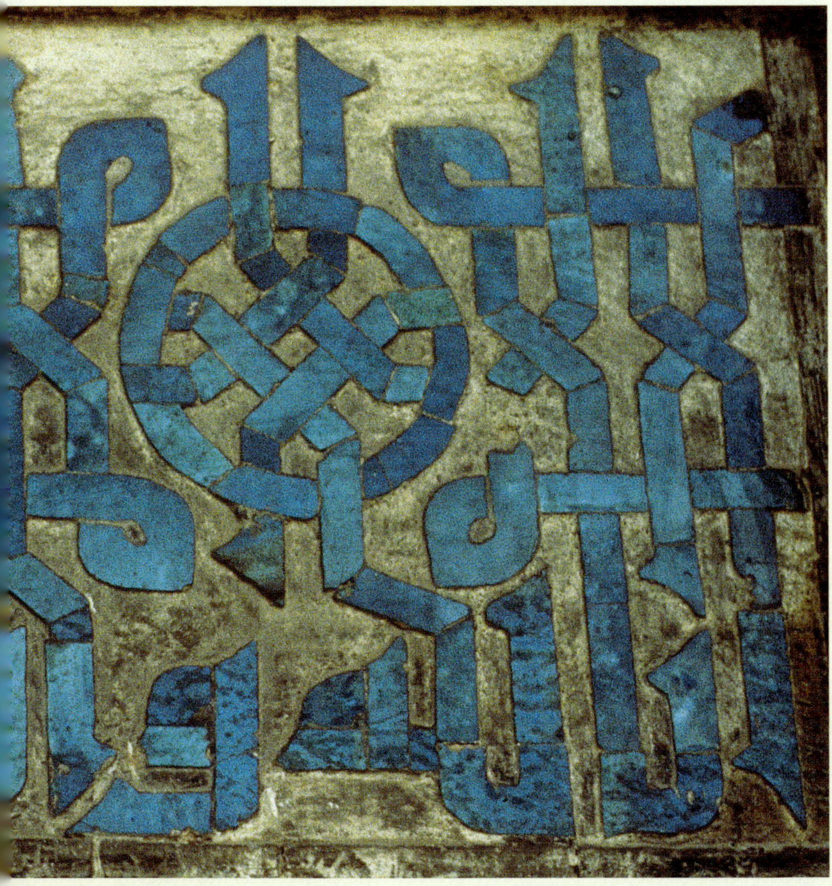

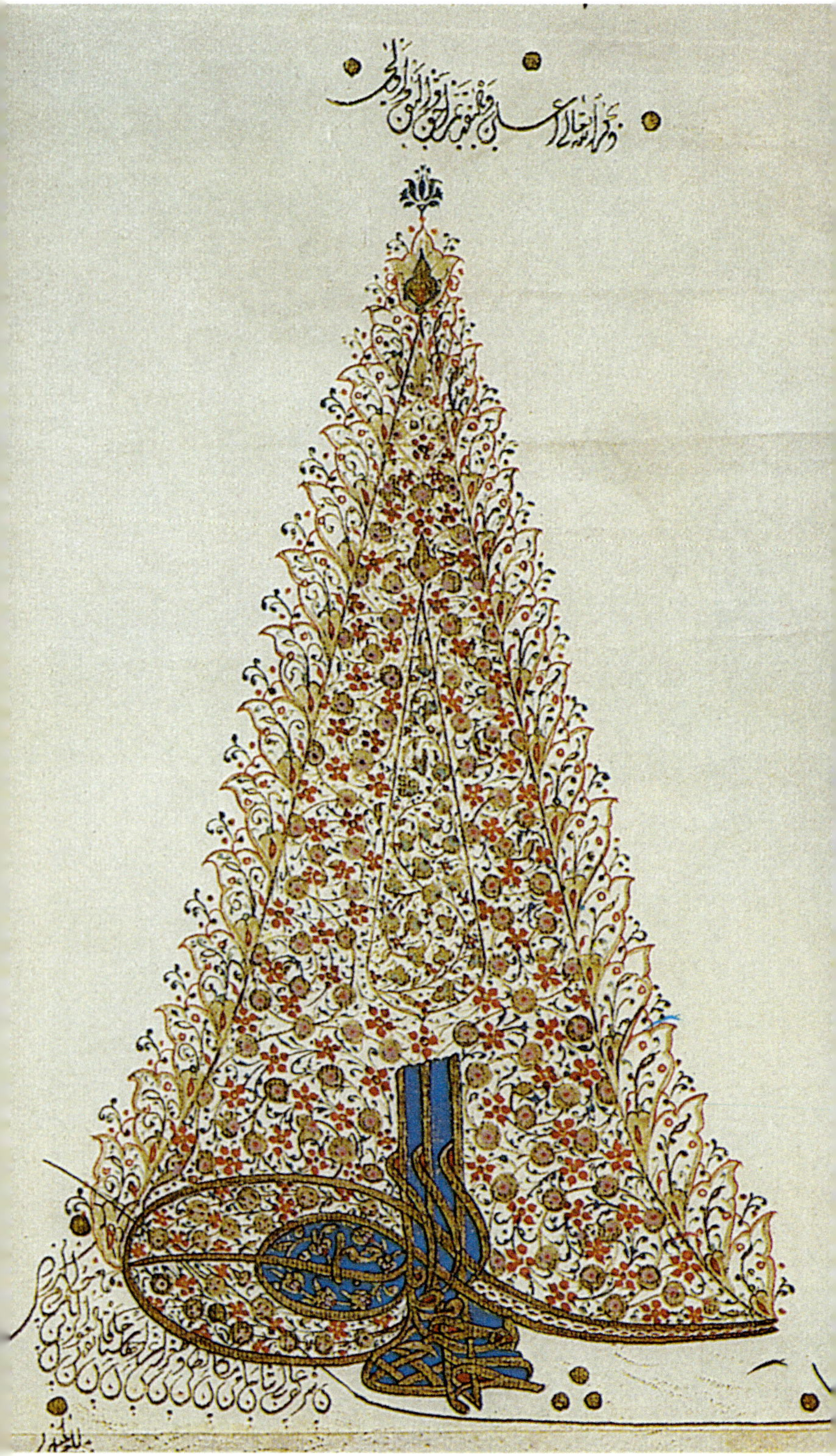

Alif

Alif est la première lettre* de l'alphabet arabe. Normalement, elle n'est que le simple support du signe hamza أ.
Alif allié au hamza exprime le son « a », voyelle longue. Mais on ne note pas toujours le hamza, à l'instar d'autres signes qui se prononcent mais qui ne s'écrivent pas dans l'écriture* arabe. Alif reste donc souvent seul.
Pour un calligraphe, c'est une lettre magique qui lui offre de grandes possibilités de composition*. Alif est une ligne verticale qui, par sa répétition, donne un rythme* et, par son allongement*, permet d'occuper une surface donnée.
Le calligraphe Ibn* Moqla a proposé de prendre l'alif comme lettre-étalon et de le « calligraphier et mesurer avec la pensée », puis de dessiner un cercle dont cet alif serait le diamètre. Chaque autre lettre s'inscrirait dans ce cercle ou dans l'une de ses parties.
L'alif, comme les autres lettres, change d'apparence selon le style* de calligraphie. Il penche légèrement à gauche, sauf dans le Taliq* où il penche à droite. Il a une hauteur de trois points-mesure* dans le style Roqa*, quatre en Taliq, cinq en Neskh*, sept en Thoulth* des livres et douze en Thoulth des monuments.
Les mystiques chargent la lettre alif de symboles :

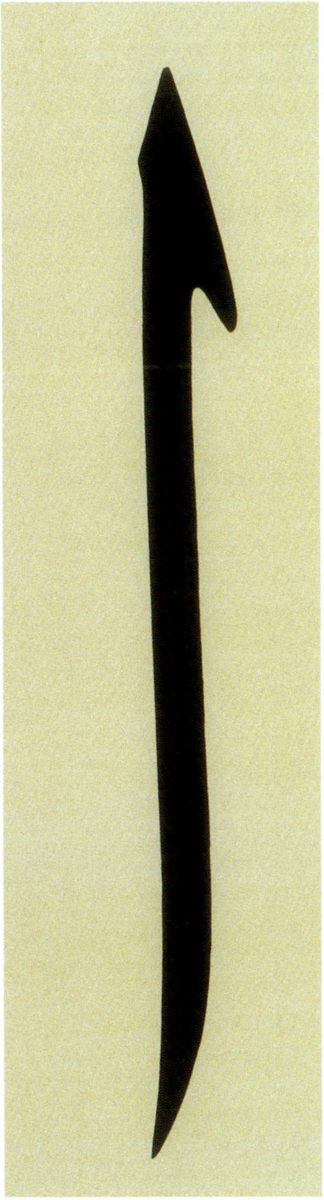

Toughra du sultan Ahmed II, 1693. Musée islamique, Istanbul, Turquie.

Alif en style Thoulth.

Dieu, gloire à lui, fit de l'alif la première de ces lettres dans l'écriture, du hamza la première dans la prononciation.
L'alif représente l'existence de l'Essence dans sa perfection, car il n'a pas besoin d'être mû par une voyelle.

Ibn Arabi (1165-1240)

ALLONGEMENT DE LETTRE

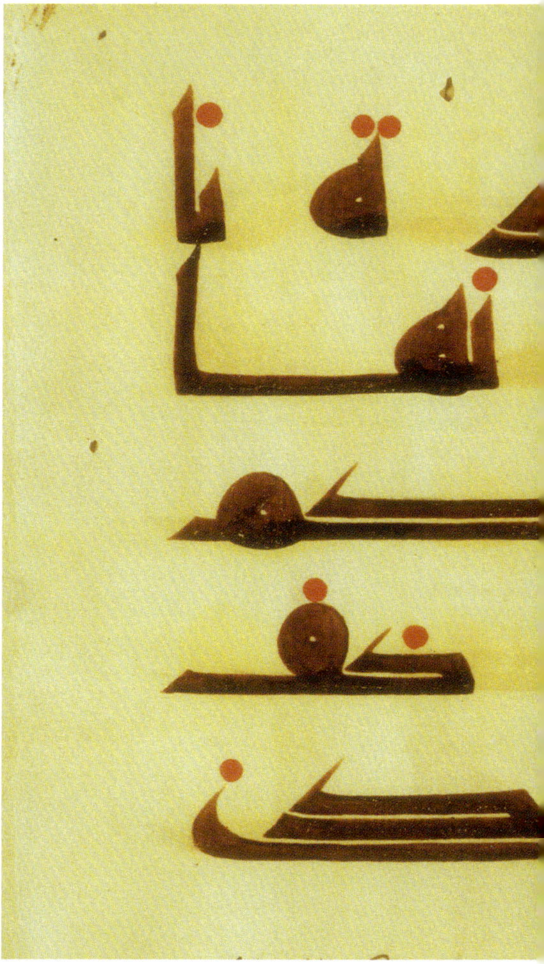

Dès le IXe siècle, on trouve des pages calligraphiées en style* Koufi*, dont les lettres* sont démesurément allongées horizontalement, peut-être afin d'évoquer le souvenir du désert infiniment plat. Au moment de la sédentarisation et du contact avec d'autres cultures, l'allongement vertical fait son apparition.

Est-ce aussi une visualisation des allongements de la voix psalmodiant le Coran ? La voix modulée et étirée se retrouve également dans le chant oriental, où le soliste allonge certains sons. Le calligraphe réalise peut-être inconsciemment ces allongements vocaux dans ses lignes calligraphiées afin d'apporter des zones de repos, de calme et de silence.

Les allongements de lettres, horizontaux ou verticaux, sont purement esthétiques, sans relation avec le sens du mot. Les calligraphes les introduisirent d'abord dans le Koufi, puis dans d'autres styles. Ils deviennent le champ d'expression* et de liberté du calligraphe, qui s'évade dans le vide du papier*. Un vide fait de rêverie et d'invention. C'est un jeu d'équilibre pareil à celui d'un funambule sur son fil, une lettre risquant à tout moment de perdre sa force et sa vitalité, et de tomber dans la faiblesse. La difficulté est plus grande encore dans les allongements du style Taliq*, qui donne l'impression d'un envol et tente de vaincre la gravité. Tout cela nourrit la créativité du calligraphe, qui invente des structures pour ses compositions* sans cesse renouvelées.

Les lettres étant liées entre elles, le mot a toujours une ligne de base horizontale. Le calligraphe peut se permettre de l'allonger, parfois à l'extrême, soit pour les besoins du cartouche à remplir en architecture, soit pour ceux de la

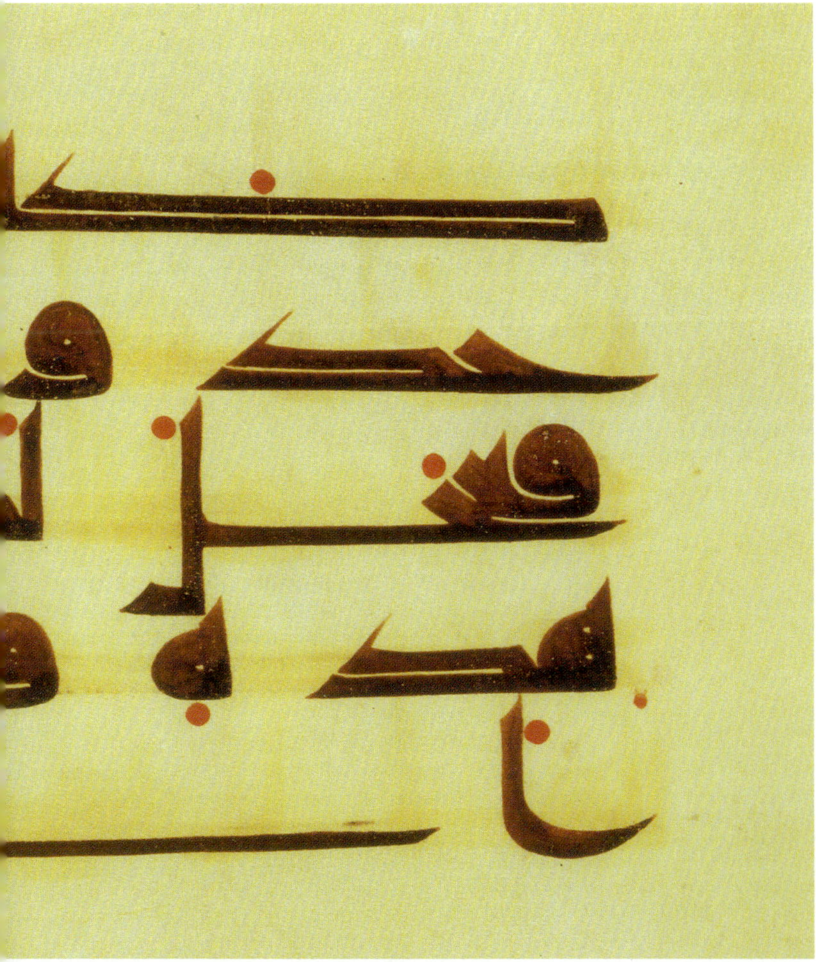

mise en page dans un livre manuscrit*. Ce jeu de l'allongement participe grandement à l'esthétique de la calligraphie.

Les calligraphes classiques ont excellé dans la calligraphie de la première phrase de chaque sourate du Coran, la *Bismillah* : « Au nom de Dieu, le Clément et Miséricordieux. » La lettre sin ـسـ y est allongée horizontalement jusqu'à l'extrême.

Pour ce qui concerne l'allongement vertical, ce sont essentiellement les lettres alif* et lam qui sont étirées et peuvent même être tressées ensemble, comme dans l'une des nombreuses variantes du Koufi.

Feuillet de Coran en style Koufi, sur parchemin, IXe-Xe siècles.
Paris, Bibliothèque nationale de France.

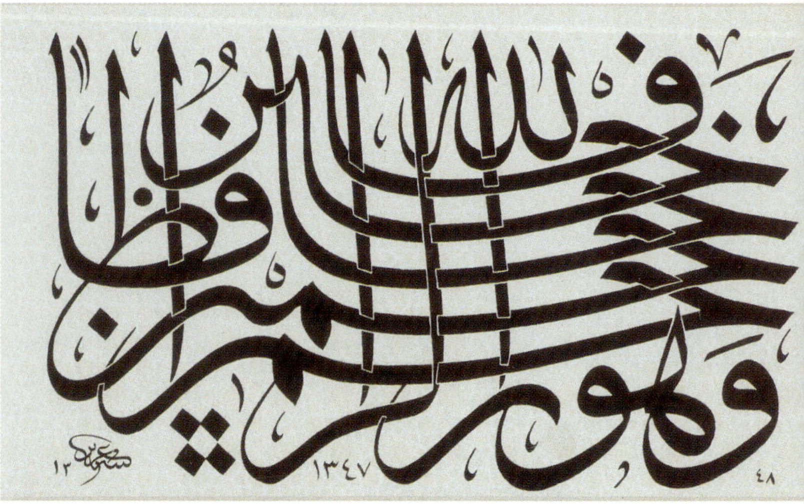

Calligraphie de Al Rifaï en style Thoulth, 1928.

Al Rifaï

Dès sa jeunesse, Aziz Al Rifaï (1871-1934) apprend les styles* Thoulth* et Neskh* avec les plus grands maîtres* de l'époque à Istanbul. Puis il pratique les autres styles courants. En 1896, il obtient le Ijaza (certificat de calligraphie) de son maître.
En 1921, il a une maîtrise parfaite d'une douzaine de styles. Peu après, le roi Fouad Ier d'Égypte l'invite au Caire, où il lui passe commande de calligraphies et lui demande de créer une école. Cette école va rayonner et donner un dynamisme à la calligraphie égyptienne ainsi qu'à celles de nombreux pays arabes. Al Rifaï participe au renouvellement de l'art calligraphique au moment où celui-ci s'essouffle. Il reste onze ans en Égypte avant de rentrer à Istanbul. Il a calligraphié onze corans et édité une vingtaine de fascicules et manuels sur l'apprentissage de la calligraphie.

Alun

L'alun est un sulfate qui entre dans la composition de cer-

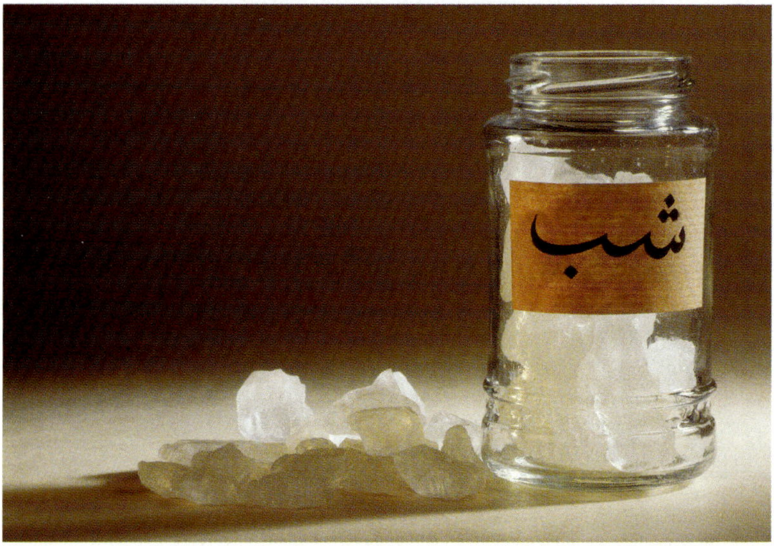

Alun.

taines recettes arabes de fabrication de l'encre*.
Le calligraphe l'utilise également pour traiter son papier*. Après coloration éventuelle de celuici, on l'enduit d'un mélange de blanc d'œuf et d'alun réduit en poudre fine. Lorsqu'il est sec, on le polit avec une pierre lisse, puis on le laisse reposer plusieurs mois. On obtient ainsi un papier excellent pour calligraphier avec finesse et netteté.

Bibliothèque

Certaines personnalités du pouvoir ont créé de grandes bibliothèques. C'est ainsi qu'en 832, le calife Al Mamoun fonde, à Bagdad, « La Maison de la Sagesse ». Il demande que l'on copie et traduise en arabe tout ce qu'il existe sur la « science des anciens », surtout dans le domaine des sciences et de la philosophie grecques. Cette conservation par la traduction et la copie d'une grande partie du savoir grec permettra à l'Occident d'en prendre plus tard connaissance, nombre d'originaux grecs ayant entretemps disparu.
Le calife Al Hakim crée, lui, en 1004 au Caire, « La Maison du Savoir », afin de favoriser le développement de la géométrie, de la science des nombres et de

Page de Coran en style Koufi, XIe siècle. Dublin, Chester Beatty Library.

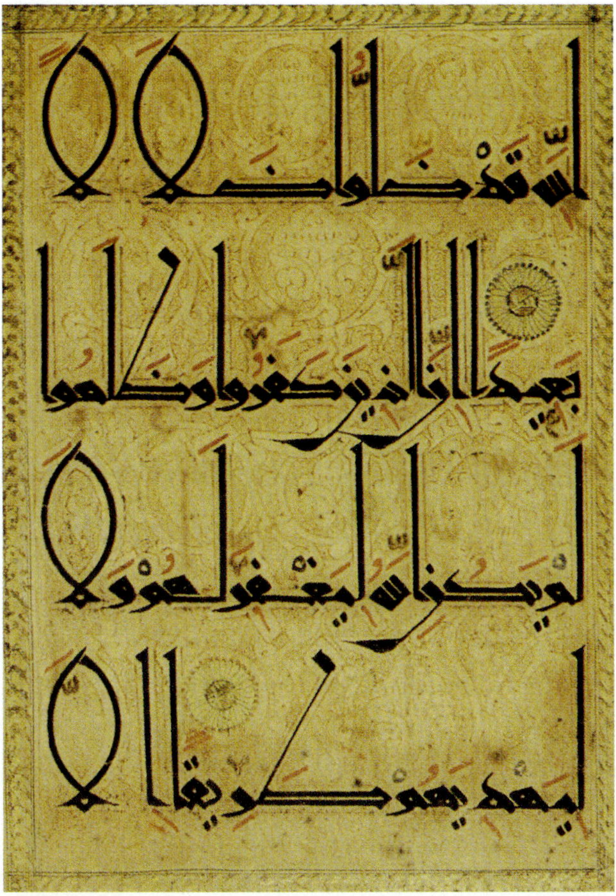

l'astrologie. Ces initiatives sont poursuivies par des savants, des collectionneurs, des princes ou des califes tout au long de l'histoire, dans la création soit de bibliothèques privées, soit de bibliothèques du palais. Les mosquées* et madrasas* abritent également des bibliothèques, qui ne comportent pas exclusivement des ouvrages religieux.
La production de milliers de copies de manuscrits* entraîne un essor important de la calligraphie et des arts du livre. Un chroniqueur arabe du XIIe siècle évoque la bibliothèque de Damas, nommée « La Maison des Sciences », où travaillent mille huit cents calligraphes, dont trente la nuit. Certaines bibliothèques proposent même, dit-on, des calames*, du papier* et de l'encre* aux visiteurs qui souhaitent copier des textes.
Si la plupart des manuscrits sont actuellement conservés avec toutes les précautions nécessaires, d'autres continuent à être consultés et reposent sur de modestes étagères dans les bibliothèques de villes du désert, comme c'est le cas en Mauritanie. Ils n'en sont pas moins regardés avec grand respect. C'est un patrimoine familial transmis précieusement de génération en génération. Ces bibliothèques du désert sont même parfois nomades, à l'instar de la famille qui les possède, les livres étant simplement enfermés en un coffre, constituant leur seul trésor.
Ainsi, les bibliothèques détiennent des manuscrits sur la médecine, la botanique, la zoologie, la géographie, l'histoire, l'astronomie, l'algèbre, la grammaire, la théologie, la philosophie, la poésie, etc. Celle de Cordoue, en Andalousie, aurait autrefois possédé quatre cent mille volumes. Malheureusement, de nombreuses bibliothèques furent détruites par les guerres, les incendies ou les vues divergentes du successeur d'un calife.

Calame

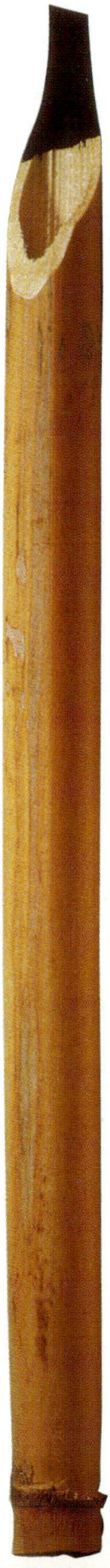

Le mot calame vient du grec *calamos* qui veut dire roseau. Le calame, roseau taillé, est l'instrument de base de la calligraphie arabe.
Le roseau est une plante qui se trouve en abondance autour de la Méditerranée, ainsi que dans les marais du sud de l'Irak et en Iran. Elle vit deux ans et atteint une hauteur d'environ quatre mètres. Le roseau a besoin de beaucoup d'eau, de soleil et de vent. Ce dernier fait plier la plante en mouvements successifs, ce qui lui donne des fibres résistantes et souples. Le soleil la sèche et rend la pellicule extérieure lisse et brillante.
Le calligraphe sélectionne les roseaux qui lui semblent solides, bien droits et agréables pour la main et le regard. Il en coupe des portions de vingt

centimètres environ. Le choix des roseaux est d'une grande importance, comme nous le montre le courrier qu'un prince adressait à son préfet : il lui demandait de cueillir les plus beaux et meilleurs roseaux que lui-même ne trouvait pas localement, et de les lui envoyer.
Les roseaux d'excellente qualité proviennent d'Iran. Dotés d'une grande réputation, ils subissent souvent une préparation plus ou moins secrète avant utilisation. En Turquie, pour avoir de bons calames, on les enterre dans du fumier ; après quelque temps, ils deviennent brun-rouge.

Le roseau est un matériau creux, léger, souple et facile à transformer en un calame, instrument d'écriture*. C'est à cette fin que le calligraphe opère la coupe* du bec.
Le calame peut aussi être fabriqué à partir d'une autre plante, comme le bambou, toutefois moins souple que le roseau et peu employé en terre d'Islam. De minces tiges de palme sont parfois également utilisées.

Le calame, porte-parole des silencieux et interprète des cœurs.

Ibrahim Ibn Al Abbas, IXe siècle

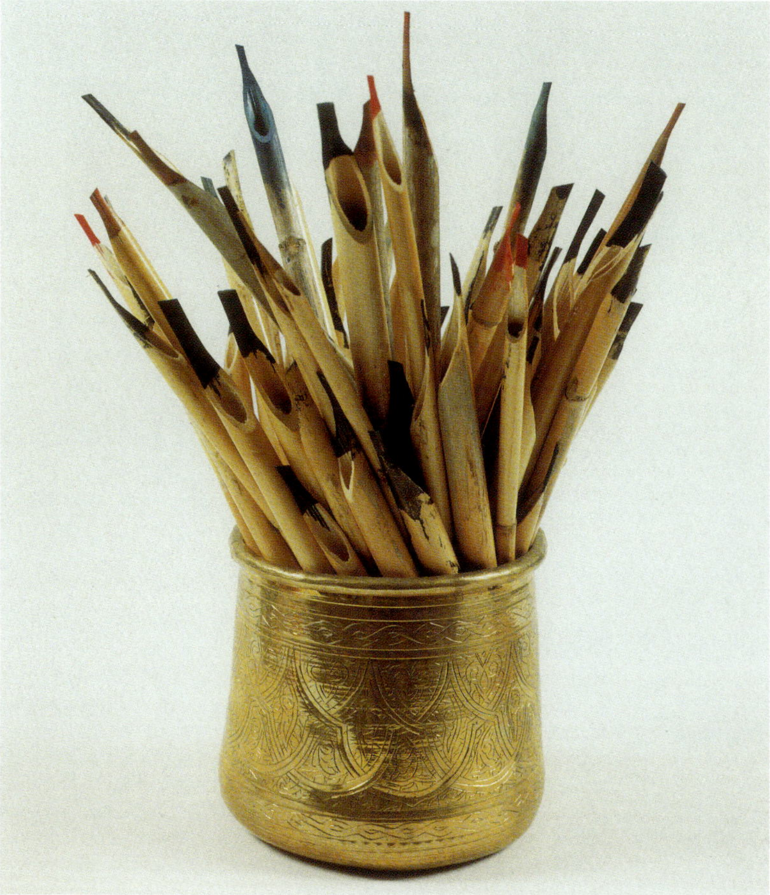

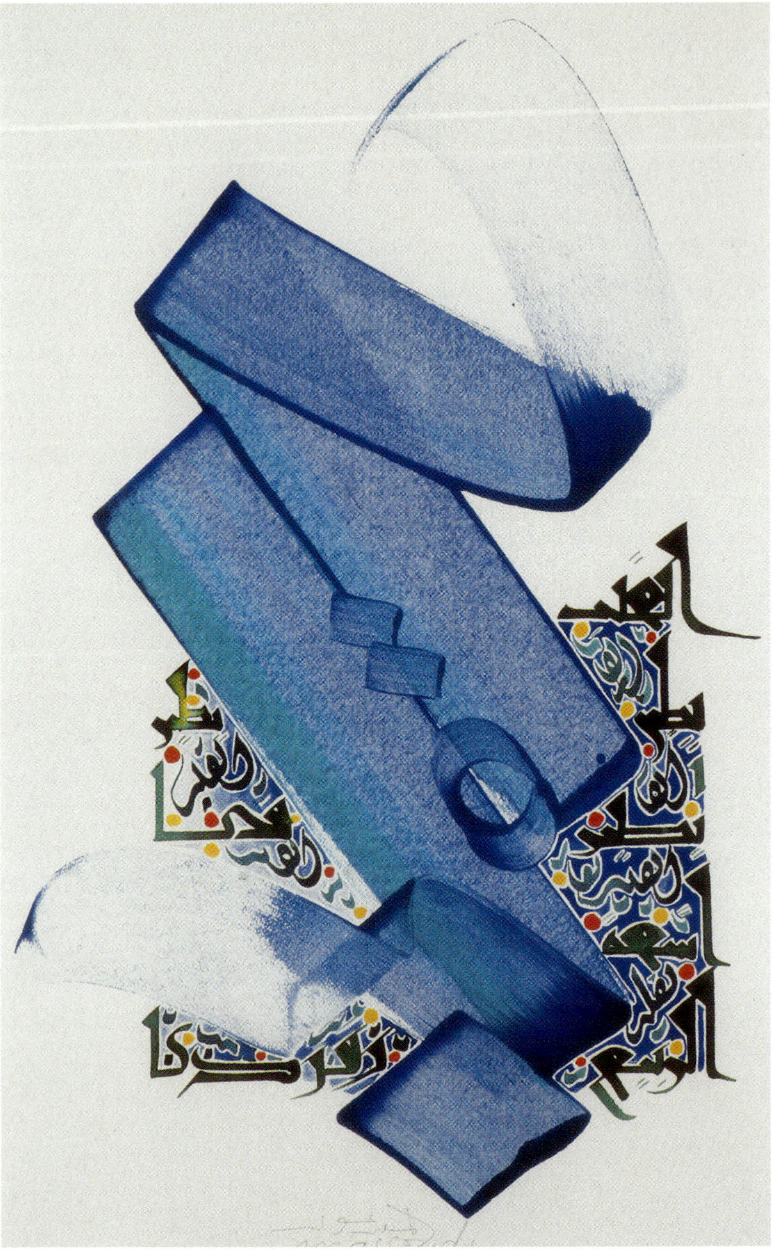

Le Cœur vole, vole, vole dans les rayons du printemps, Reverdy. Calligraphie de Hassan Massoudy, 2000.

Calligraphie contemporaine

Un mouvement de calligraphie contemporaine se dessine peu à peu dans les pays arabo-musulmans, parallèlement à une renaissance de la calligraphie classique. Après avoir assimilé tous les codes* de la calligraphie, il faut oublier un temps sa rigueur. Le calligraphe doit laisser son cœur guider sa main et lui dicter son trajet, sa lenteur* ou sa rapidité, et sa pression sur le papier*. L'utilisation d'autres matériels d'écriture* est également importante. Sans abandonner ce merveilleux outil qu'est le calame*,

le calligraphe peut utiliser des instruments de son invention pour écrire plus large et produire des effets variés : le bois, le carton ou tout autre matériau de son choix conviennent. Il les adapte à sa main et à l'effet qu'il souhaite obtenir. Des papiers de grains différents permettent aussi d'obtenir des textures différentes. Enfin, le calligraphe contemporain emploie plus volontiers la couleur* et ses pigments*, assez limités dans la calligraphie classique.
La vitesse caractérise le monde contemporain, et la calligraphie n'y échappe pas. Se libérer de la conception calligraphique ancienne permet d'accélérer le mouvement, tout en gardant à l'esprit la lenteur. Avec un geste plus rapide, toute hésitation ou tout incident dans le tracé peut être bénéfique et devenir le point de départ d'une nouvelle forme. La calligraphie est un art, et toute création artistique passe par une rupture. Une cassure dans un geste révèle le sentiment du calligraphe, qui nous livre son monde intuitif, sa gravité, son bonheur – autant de sensations spontanées plus difficiles à libérer dans la calligraphie traditionnelle. Le calligraphe moderne est en état de doute permanent et doit apprendre à gérer son monde intérieur. Il est sincère dans son art et, comme tout artiste, il est le témoin de la vie qui l'entoure.
Calligraphier un poème, ce n'est plus tracer des mots de tel ou tel style*, mais c'est s'imprégner de la poésie elle-même, la vivre intérieurement et refléter ses sentiments. La composition* calligraphique contemporaine peut évoquer le sens imagé du texte, par sa forme et par ses couleurs, tandis que le sens réel, issu de la lecture, ne vient que dans un deuxième temps. Le calligraphe rend visible ce qu'il y a de caché derrière les lettres*. De nombreux artistes contemporains arabes utilisent aussi les lettres dans leurs œuvres, sans qu'il s'agisse nécessairement de calligraphie. Ils sont à la recherche d'une dynamique nouvelle qui reflète leur société.

Calligraphie sur monument

Avant le VIIe siècle, les monuments des pays qui deviendront musulmans sont décorés de statues et d'images* réalistes ou stylisées, appartenant à une grande tradition artistique, comme c'est le cas en Égypte pharaonique, en Iran ou en Turquie. Avec l'islam, l'art évolue vers l'abstraction.
Dès le début du VIIIe siècle, les calligraphes inventent des formes de lettres* aux allongements* verticaux ou horizontaux afin de les adapter aux monuments. Les pleins* et les déliés sont moins accentués que dans la calligraphie traditionnelle des livres. En effet, le calligraphe prend en compte l'éloignement du spectateur, qui se tient debout sur le sol et qui regarde une calligraphie à plusieurs mètres au-dessus de lui. Les déliés pouvant alors devenir invisibles, il les épaissit un peu.
La calligraphie investit la mosquée*, la madrasa*, le mausolée, la bibliothèque*, le palais*, le hammam et la fontaine. Elle peut être peinte sur les murs, comme à Bursa ou à Edirne en Turquie, ou bien sculptée ou composée en céramique*, comme à Ispahan en Iran ou en Asie Centrale. Les styles* dominants sont le Koufi*, fleuri, tressé ou géométrique, et le Thoulth*, dont les lettres s'allongent à

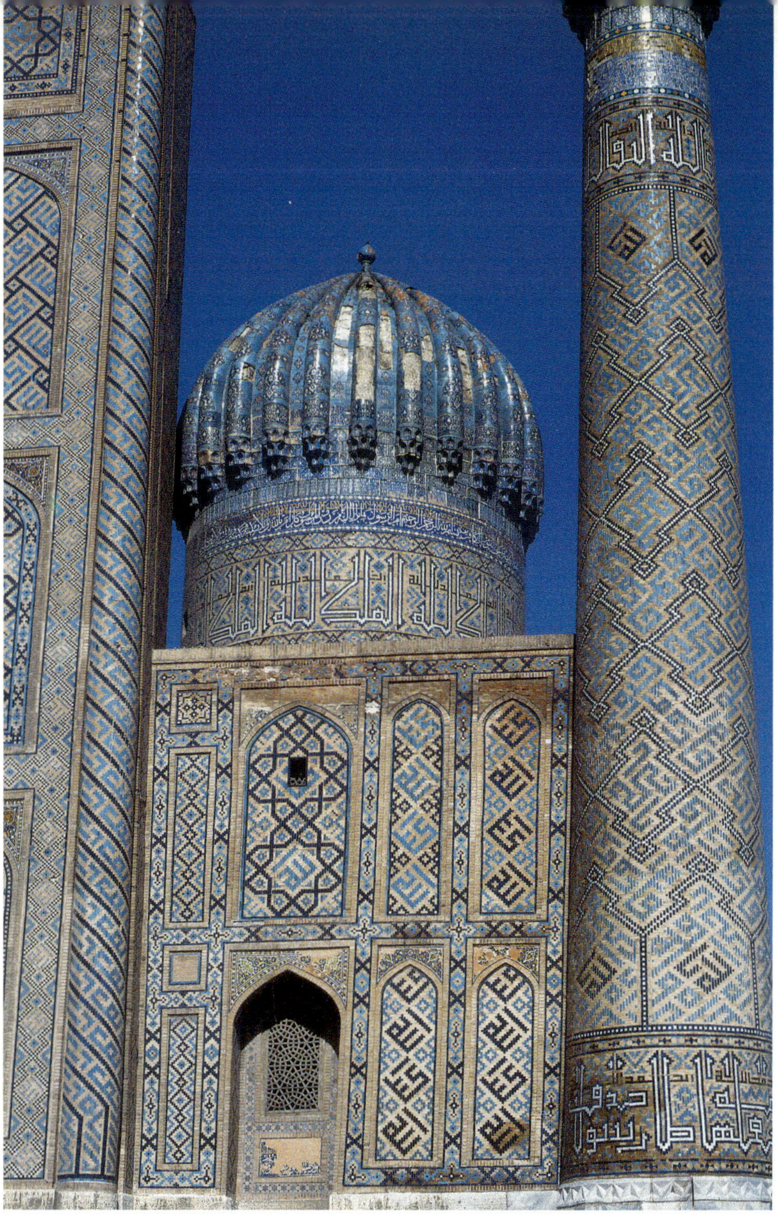

Calligraphies de style Koufi, XVIIe siècle. Madrasa Chir Dor, Samarkand, Ouzbékistan.

volonté et remplissent ainsi l'espace architectural. Certaines calligraphies peuvent atteindre plusieurs mètres de haut. Elles sont réalisées avec des matériaux, des procédés et des techniques qui varient.
Ainsi le calligraphe accompagne l'architecte, sans se laisser intimider par l'immensité de l'espace ni par la diversité des supports*. Il fait serpenter ses lettres autour des minarets, il adapte ses calligraphies au pourtour des dômes, ou au contour des arcades.

Canif

On raconte qu'un prince visitant l'atelier d'un maître* calligraphe lui dit :
« Parmi vos élèves quel est le meilleur calligraphe ?
– C'est celui qui sait bien tailler son calame, répond le maître.
– Et qui est celui qui taille bien son calame ?

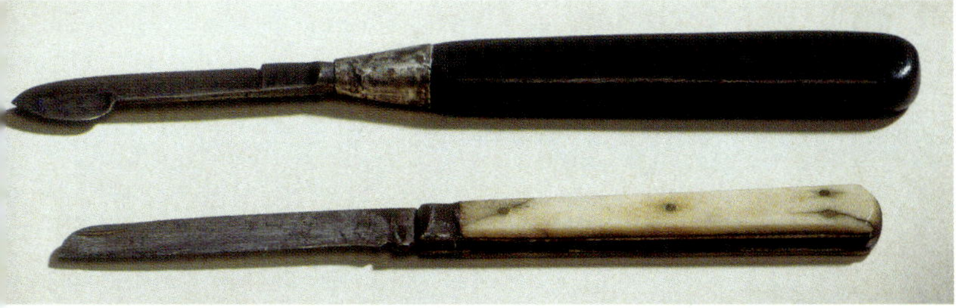

– C'est celui qui possède un bon canif.
– Qui donc possède le meilleur canif ?
– C'est le plus riche, c'est Jalal, le fils de votre vizir. »

Chaque calligraphe possède son canif, indispensable à la bonne taille de son calame* et plus précisément à la coupe* du bec. Il doit l'affûter régulièrement sur une pierre à aiguiser.
Les canifs de calligraphes ont une lame mince, en acier trempé, très coupante, et un manche en os ou en ivoire. Ceux que possèdent les hautes personnalités ou les princes sont décorés ou même incrustés de pierres précieuses.
Il existait autrefois des artisans spécialisés dans leur fabrication, et un bon artisan signait ses canifs.

Céramique

La céramique est de la terre cuite émaillée. Les ornements* et la calligraphie sur céramique sont largement utilisés sur les monuments islamiques (voir Calligraphie sur monument). Certains bâtiments sont construits uniquement en brique cuite, une partie des revêtements muraux étant émaillée. L'émail est une fine couche de verre coloré qui constitue une protection, mais qui permet surtout un jeu de lumière et de reflets.
Tout d'abord, le calligraphe réalise sa calligraphie et fait un qalab*. Puis un artisan céramiste connaissant bien les règles calligraphiques effectue le transfert sur des plaques d'argile. À l'aide d'un pinceau, il y dépose la poudre d'émail coloré. Après cuisson, un artisan maçon assemble les plaques

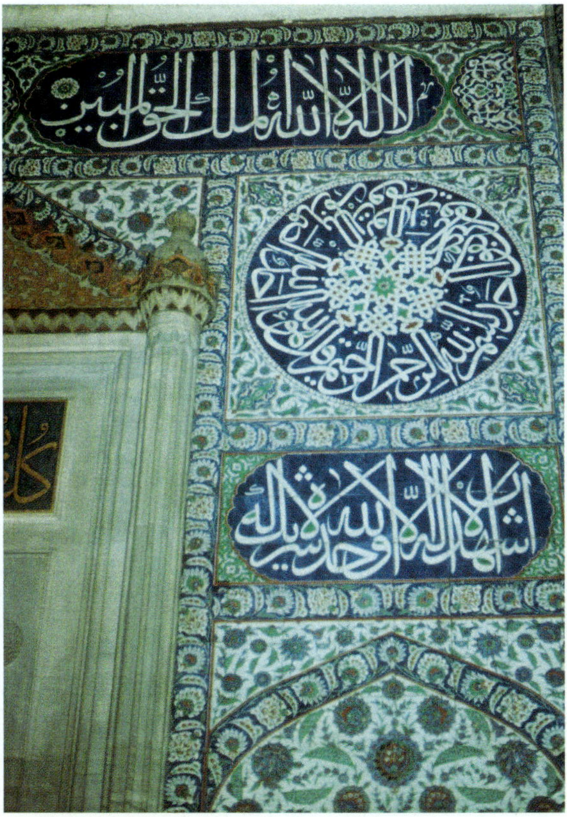

Mosquée Soukoulou Pacha, XVIe siècle. Istanbul, Turquie.

sur le mur et reconstitue, par morceaux, la calligraphie entière ou les ornements.
Les murs des monuments de l'Orient musulman sont couverts de céramiques bleues qui se fondent dans le ciel, donnant l'impression que la calligraphie est suspendue dans l'espace. Une lumière radieuse se mêle à ces lettres* immenses et dynamiques*. Il existe en céramique toute une gamme de bleus d'une grande beauté, comme le turquoise fabriqué selon un procédé secret qui remonte à l'antiquité orientale ou vient de Chine.
Au Maghreb s'est développée une autre technique de céramique, le zellige*.
La céramique utilitaire – vases, coupes, assiettes – s'orne également de calligraphie.

Cheikh Hamadoullah

Cheikh Hamadoullah Al Amassi (1436-1520) donnait des cours de calligraphie à Beyazid, gouverneur de la ville d'Amasya en Turquie. En 1481, Beyazid accède au trône de l'Empire ottoman, sous le nom de Beyazid II, et il fait venir son maître* à Istanbul. Cheikh Hamadoullah devient le premier calligraphe du palais. Beyazid admire l'art de Cheikh Hamadoullah et lui fait souvent l'honneur de tenir son encrier.
Un jour, le sultan lui demande s'il est possible d'améliorer les six styles* de Yacout* Al Moustassemi. Cheikh Hamadoullah s'enferme alors pendant quarante jours avec l'ensemble des calligraphies de Yacout que possède le trésor impérial. Il réforme les six styles, mais surtout le Thoulth* et le Neskh* en leur donnant plus d'équilibre et de dynamisme. Toutes ses calligraphies semblent avoir été tracées avec spontanéité.
Cheikh Hamadoullah laissera bon nombre d'œuvres d'une grande perfection. Il réalise quarante-sept copies du Coran. Il détermine les règles que doit observer tout calligraphe : la coupe* du bec du calame*, les codes* et l'agencement des lettres* dans un mot. Ces règles sont fidèlement suivies par ses succes-

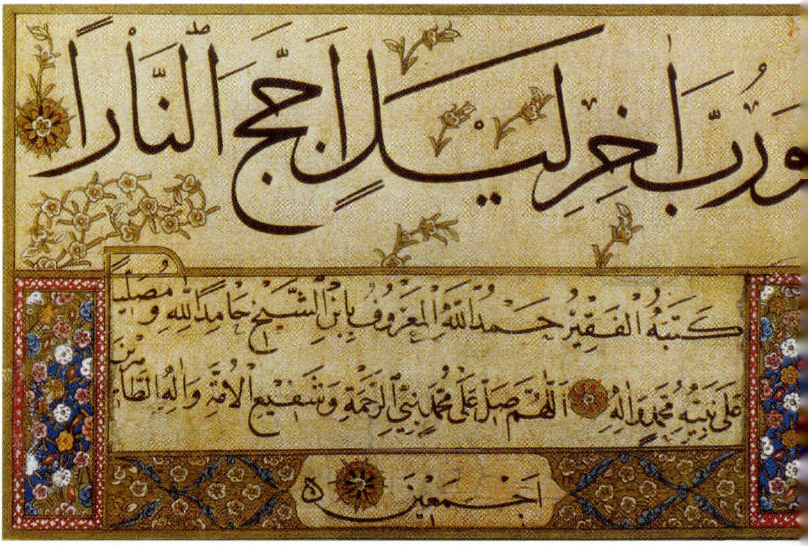

Calligraphie de Cheikh Hamadoullah.

seurs et, après sa mort, elles font référence dans l'art de la calligraphie. C'est un grand réformateur et son influence est immense.

Code

Dans les premiers siècles de l'islam, l'apprenti calligraphe copie les lettres* que son maître* a tracées, en essayant de les reproduire à l'identique. Puis au Xe siècle, Ibn* Moqla établit des mesures rationnelles de hauteur et de largeur pour chaque lettre. Il propose de calligraphier l'alif* de sorte qu'il ait la taille du diamètre d'un cercle, les proportions de toutes les autres lettres étant relatives à ce cercle.
Au cours du XVIe siècle, on utilise des points-mesure* pour codifier les dimensions des lettres. Par exemple, en Thoulth*, l'alif a une hauteur de sept points, tandis que le ba est large de six points. Chaque style* a ses propres règles qui peuvent varier légèrement d'un calligraphe à l'autre ou d'un pays à l'autre. Mais un calligraphe garde une mesure constante pour une même lettre dans une page ou tout au long d'un livre manuscrit*. Ces points-mesure sont utilisés comme aide-mémoire et n'apparaissent que dans les exercices*. Un calligraphe confirmé les emploie aussi lorsqu'il entame son travail, afin de chauffer sa main et de se concentrer.
Il existe d'autres codes plus subtils et complexes. Ils concernent la forme interne d'une lettre et définissent des mouvements imperceptibles dans le tracé, presque invisibles à l'œil : chaque courbe contient une infime partie de ligne droite et chaque droite contient de même un mouvement courbe.
Quelques gestes délicats et particuliers, qui ne s'acquièrent qu'après un long apprentissage, donnent une perfection aux lettres, tels le pivotement du calame* ou son arrêt soudain suivi du changement d'orientation du bec.
Le code est une référence permettant de juger de la maîtrise d'un calligraphe. Il sert également de contrôle pour le calligraphe lui-même. Celui-ci est soumis aux règles mais laisse rêver sa main, il donne au mot qu'il trace toutes les possibilités offertes par la forme des lettres, à la limite du lisible.

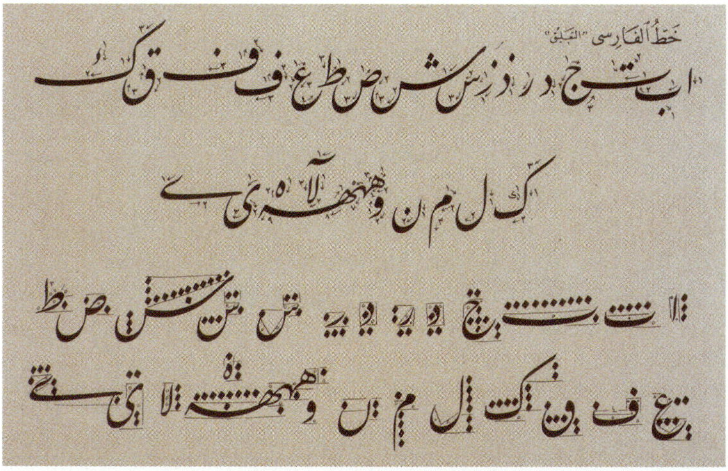

Page d'un manuel de Hachem, le style Taliq, avec ses codes. Irak, 1968.

COMPOSITION

Le cœur est la matière première,
l'esprit est le modèle original,
le calame est un orfèvre
et la calligraphie est un bijou.

Bashar Ibn Al Moutamir, IXe siècle

Une composition est un assemblage de mots, où l'esthétique prime sur la lecture. Les lettres* ou les mots sont parfois tellement imbriqués les uns dans les autres que la phrase devient illisible. Simplement pour la beauté, le calligraphe, sans se soucier de la lecture, change l'ordre des mots ou regroupe les lettres semblables de plusieurs mots afin de les mettre en valeur.

La composition est perçue comme une entité. C'est une forme globale qui résulte de l'attention portée aux pleins* et aux vides, ainsi qu'à l'équilibre et au rythme* des lettres dans leur disposition ou leur allongement*. Elle doit avoir une armature, selon laquelle les lettres s'agencent, afin de donner son équilibre à la composition. L'espace* calligraphié est occupé par une charpente géométrique qui structure les mots.

La souplesse de certains styles* comme le Thoulth* leur permet de prendre rapidement possession de la surface. Le calligraphe imagine sa composition dans l'espace, comme si elle était soumise à la gravité. Il détermine alors un axe puis un centre auquel il donne une fixité, un point d'ancrage, en imaginant un point de fuite. Les lettres s'emboîtent et s'enchevêtrent, telle une chorégraphie où les danseurs cherchent à se diriger vers le haut en un mouvement gracieux et périlleux tout à la fois. Chaque danseur ou lettre définit ses mouvements à l'intérieur du groupe.

Il doit se dégager d'une composition quelque chose d'indéfinissable et au-delà de toute norme. D'un même mot ou d'une même phrase, le calligraphe, par la différence de style et de composition, peut donner une infinité de variations. La force du calli-

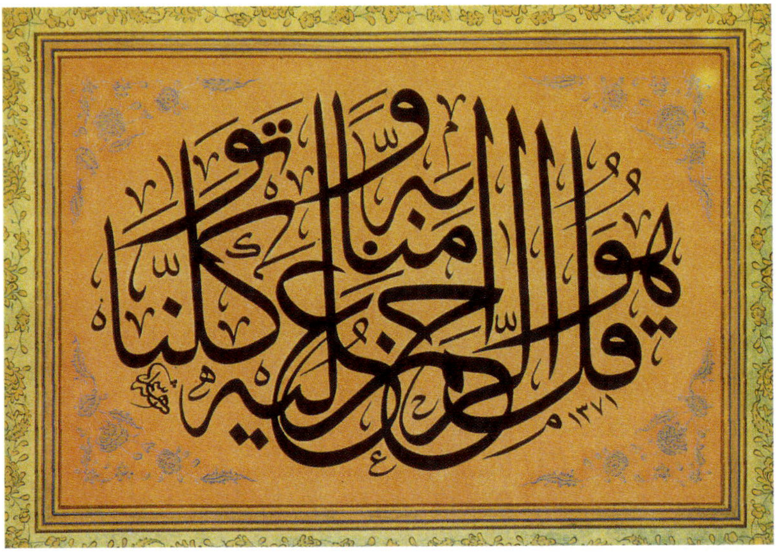

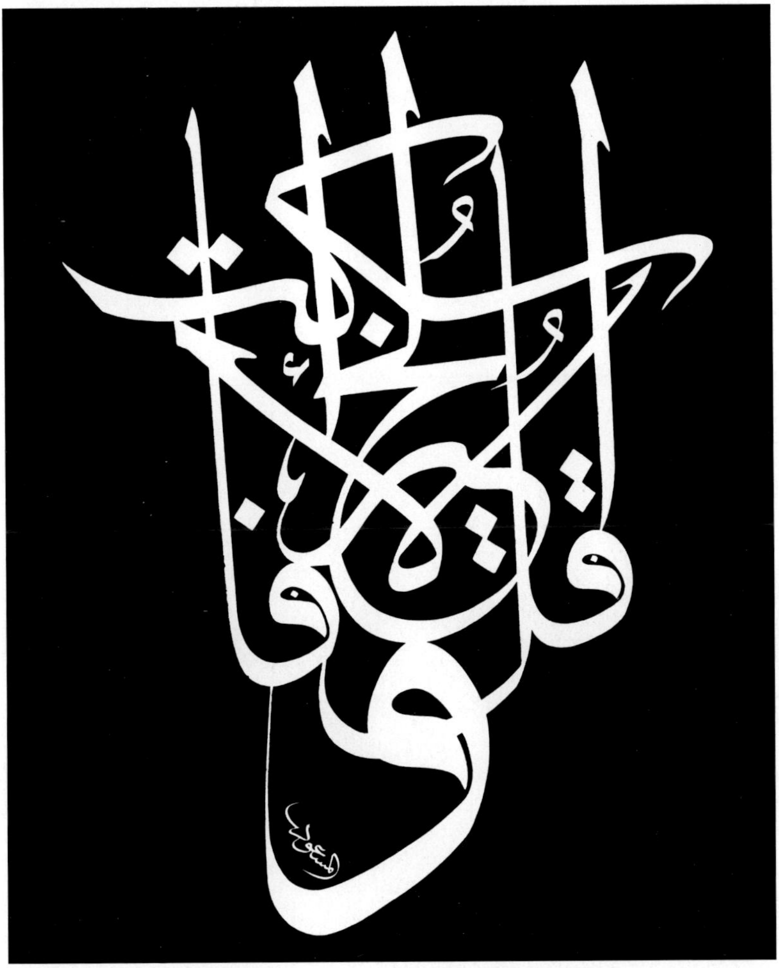

graphe, sa vision du monde se dévoilent soit par l'impulsion énergique d'un mouvement diagonal soit par une symétrie statique.

Le calligraphe établit un schéma géométrique réfléchi au préalable. Puis à l'aide d'un qalab* qui laisse la marque du contour du croquis sur le papier*, il trace sa composition en veillant à donner l'impression que celle-ci a été réalisée spontanément et sans hésitation.

Une composition exécutée sur papier peut, plus tard, être choisie pour être agrandie et décorer un mur. Ce genre de composition est souvent réalisé en collaboration avec des artisans qui la reproduisent ensuite sur des supports* divers.

La composition peut être arrondie, carrée, triangulaire, ovale, en forme de cartouche, etc.

Il est courant qu'une composition créée par un grand maître soit copiée par d'autres calligraphes. Ces derniers, à côté de leur signature, ajoutent le nom du créateur.

Si ce que tu as à dire n'est pas plus beau que le silence, alors tais-toi. Proverbe arabe calligraphié par Hassan Massoudy en style Thoulth, 1983.

Page ci-contre Composition de Hachem en style Thoulth. Irak, 1951.

CONCENTRATION

Avant de se mettre au travail et pendant l'exécution de sa calligraphie, le calligraphe doit se concentrer. L'exercice*, réalisé avec lenteur*, est le meilleur moyen d'entrer en concentration et de vivre un calme, une sérénité et une élévation qui mettent en éveil tout le corps. En répétant toujours les mêmes lettres*, le calligraphe y gagne aussi en perfection.

Les yeux fixent l'extrémité du bec du calame* mais le regard plonge vers l'intérieur de soi. L'attitude est immobile mais l'esprit traverse des espaces imaginaires. Bien qu'il s'intériorise et perde contact avec le visible, le calligraphe découvre une vision nouvelle.

S'il persévère à calligraphier lentement, ce n'est que pour penser plus rapidement. Il remplit des pages et des pages afin de faire le vide dans son esprit. Un vide empli d'échos, de courbes et de droites, de pleins* et de déliés. L'espace* perd ses limites, le papier* devient sans contour.

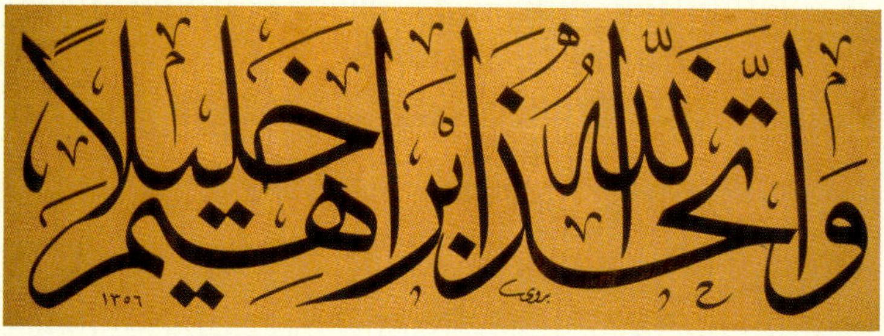

Calligraphie de Badawi en style Thoulth. Syrie, 1937.

Page du *Livre de la Thériaque* de Galien, calligraphiée par Mohamed Ibn Al Saïd, 1199. Paris, Bibliothèque nationale de France.

Couleur

La plupart des manuscrits* arabes anciens sont calligraphiés à l'encre* noire ou brune, quelques-uns le sont à l'or cerné de noir. Seuls quelques points* ronds rouges marquent la vocalisation. Cette économie de couleurs donne aux livres une grande sobriété.

Plus tard, de la couleur fut ajoutée aux calligraphies des têtes de chapitre et pour les signes* diacritiques ou de vocalisation. Ces signes, qui ponctuent le texte, sont rouges, jaunes, bleus ou verts. Les petits motifs indiquant un groupe de versets ainsi que les enluminures*– ornement* végétal ou géométrique –, autour des titres et des pages, sont très colorés. L'or y domine, il symbolise le ciel, le paradis. Les manuscrits enluminés du Maghreb se caractérisent par l'emploi des couleurs rouge, bleu, vert et or. Le papier* destiné aux calligraphies est lui aussi coloré et teint en ocre ou rose pâle.

Si dans les manuscrits la couleur reste discrète, en architecture par contre, la calligraphie et les ornements abstraits se parent de toutes les couleurs, grâce aux céramiques* polychromes. Le fond est souvent bleu à l'exemple des monuments de l'Orient musulman, dont les dômes bleu céleste au décor de jardin multicolore tranchent avec les maisons basses alentour, faites de briques cuites couleur d'argile et de sécheresse.

Lorsque la calligraphie est sculptée dans le marbre ou le stuc, de teinte claire, l'ombre et la lumière permettent la lecture du texte et en changent la couleur au cours de la journée.

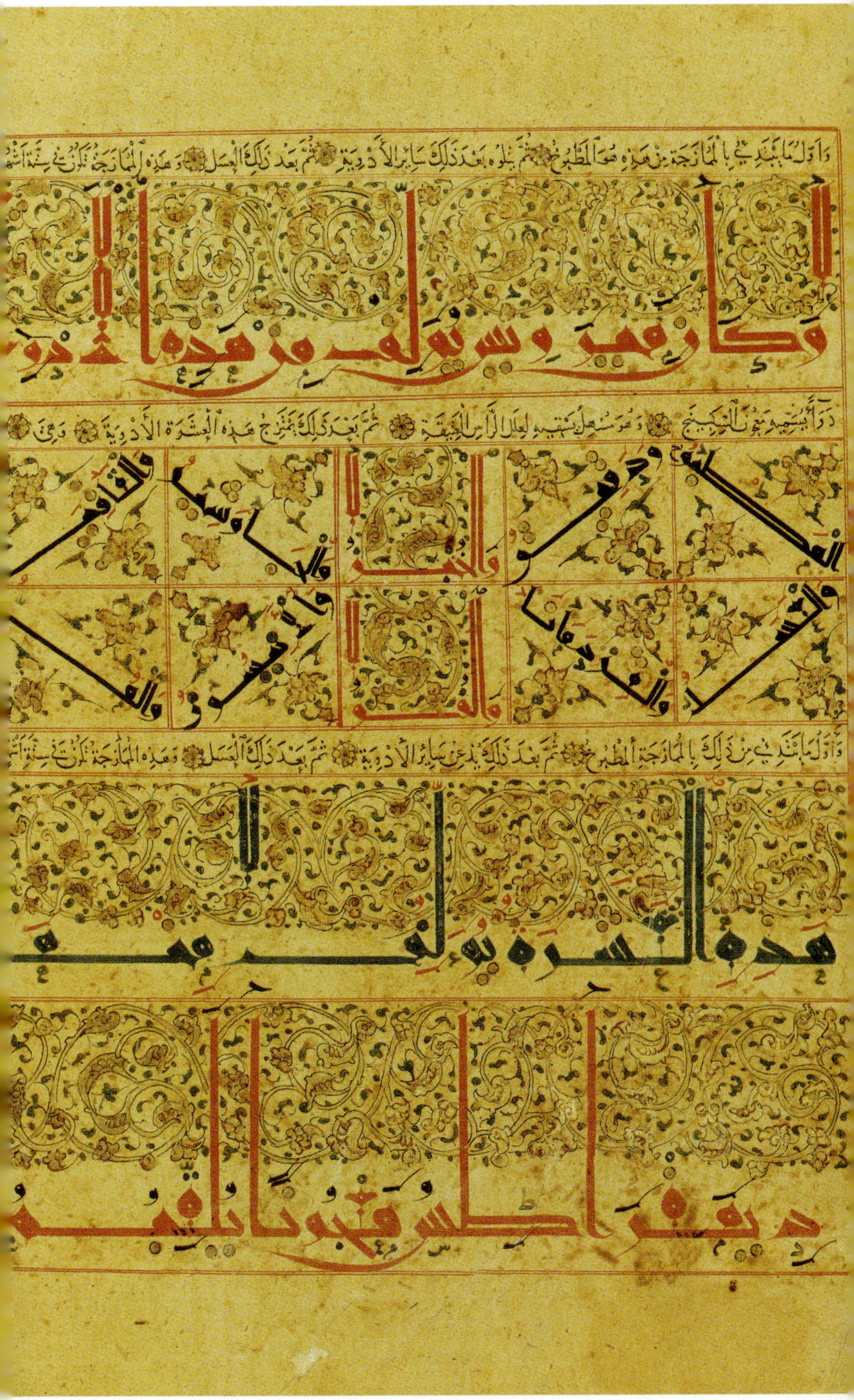

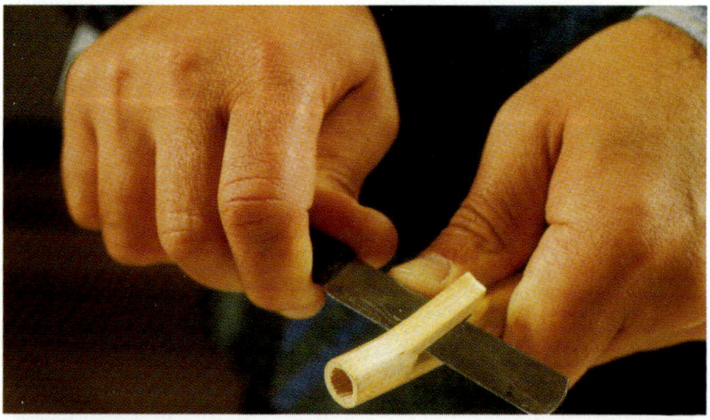

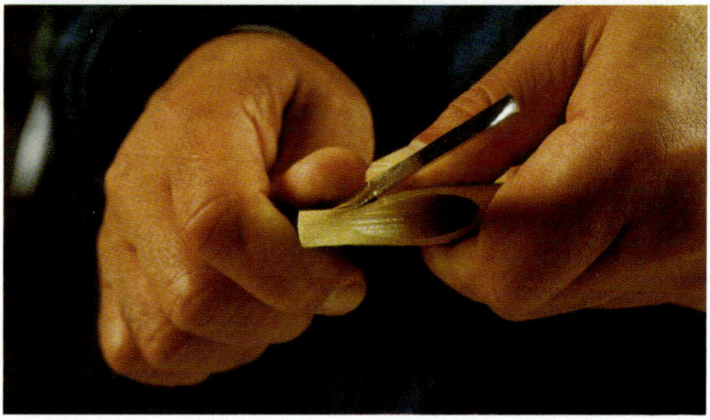

Coupe du bec du calame. Ouverture, taille des côtés, fente, coupe du bec.

Coupe du bec du calame

Le calligraphe taille son calame* à l'aide d'un canif*. Il ouvre le ventre du roseau et en taille les deux côtés jusqu'à ce qu'il ait la largeur voulue pour sa future calligraphie. Il obtient ainsi le bec qu'il fend pour faciliter l'écoulement de l'encre*, puis qu'il coupe en biais. Ces deux dernières opérations se font sur une plaquette* de coupe. La coupe du bec est différente pour chaque style* de calligraphie, le bec étant plus ou moins en biais. Pour le style Maghrebi*, le bec est parfois coupé en pointe arrondie.

Le calligraphe taille son calame lui-même afin de l'adapter à sa main et à la position* de son corps en train d'écrire. Il le retaille à chaque utilisation. « Un calame bien taillé, c'est déjà la moitié de la calligraphie », explique Al Qalqashandi au XVe siècle.

Cette taille fréquente du calame demande une grande attention de la part du calligraphe et surtout du copiste de livres. Car il doit retrouver, jour après jour, la même épaisseur pour les lettres*, et cela tout au long d'un manuscrit*. Au fil du temps, son calame s'émousse et il doit le retailler souvent, voire le remplacer. Comment alors être sûr de retrouver la largeur précise qu'avait le calame précédent ? Les calligraphes en ont trouvé le moyen en comptabilisant un nombre de poils d'âne mis côte à côte. Un calame peut, par exemple, avoir une largeur de huit poils. Cette mesure du bec s'applique également à certains styles, qui en tirent d'ailleurs leur nom. Le Tomar, style large, est pris comme référence, avec vingt-quatre poils, le Thoulthaine (signifiant deux tiers) en a seize, le Nisf (un demi) douze et le Thoulth* (un tiers) huit.

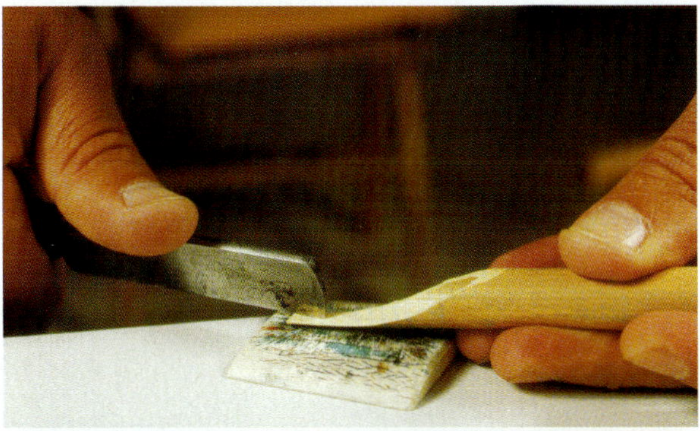

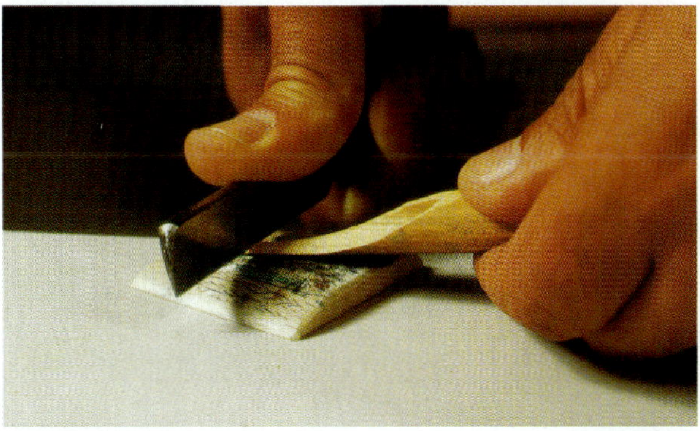

Diwani

En arabe, le *diwan* est le lieu d'accueil dans une maison. C'est aussi un recueil de poésie. Sous l'Empire ottoman, ce mot désigne la chancellerie. Pour les documents émanant de ce *diwan* officiel, le calligraphe crée, au XVe siècle, le style* Diwani, inspiré du Taliq*. Il est uniquement utilisé pour écrire les firmans* et le courrier diplomatique. Le fonctionnaire calligraphe qui est chargé de leur réalisation doit faire serment de n'utiliser le Diwani que dans le cadre de la chancellerie. On connaît rarement son nom, car les documents officiels ne sont pas signés par le calligraphe.

Ce style est difficilement falsifiable, en raison de la complexité de son tracé. Après l'effondrement de l'Empire ottoman, au début du XXe siècle, le Diwani est pratiqué par tous les calligraphes, qui se mettent à l'utiliser pour la transcription de textes non officiels et plus particulièrement de la poésie.

C'est un style cursif très élégant, où les courbes dominent, et dont les envolées lyriques et gracieuses se prêtent à une grande variété d'interprétations dans le geste. Il a une variante, le Jeli* Diwani.

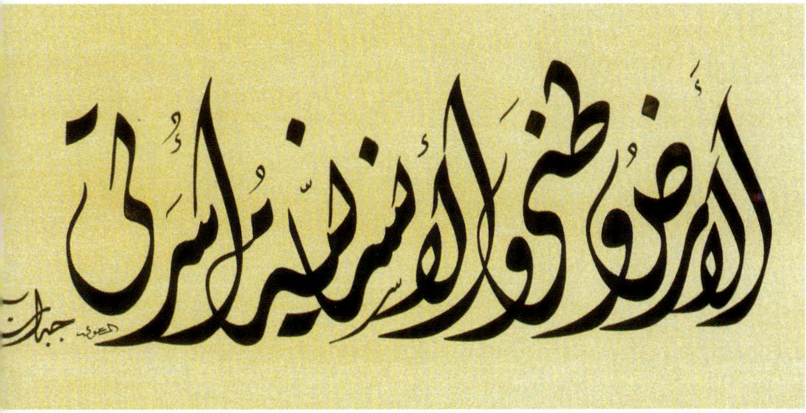

La terre est ma patrie, l'humanité ma famille, Gibran. Calligraphie en style Diwani.

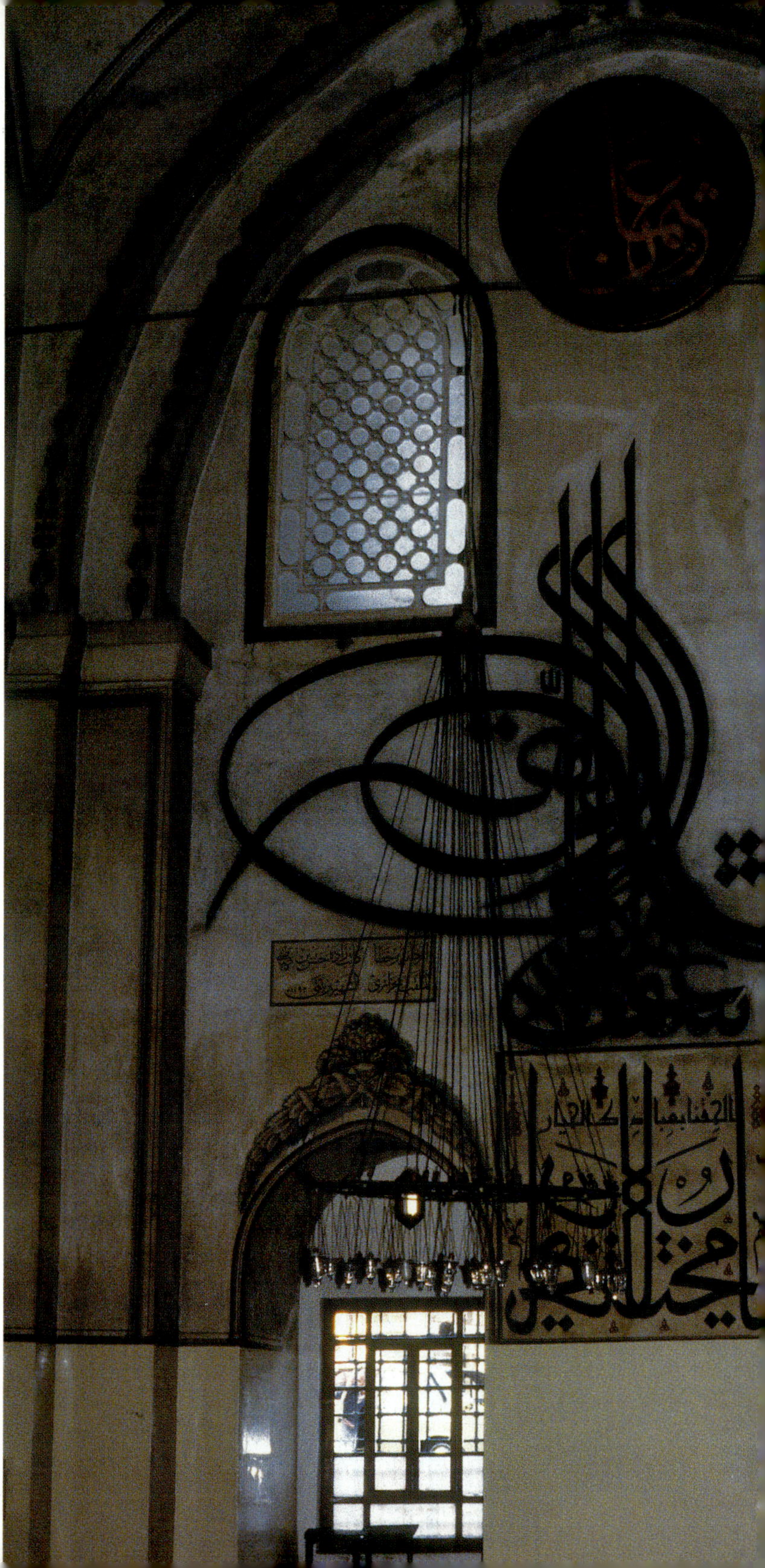

DYNAMIQUE

La dynamique en calligraphie repose sur la lettre*, le mot et la composition*. Ce qui anime une lettre, c'est une dynamique interne. En calligraphie, une ligne n'est jamais strictement droite, mais animée de mouvements contradictoires et imperceptibles à l'œil. Ces nuances donnent à la calligraphie toute sa valeur.

Un mot possède plusieurs graphismes grâce aux multiples formes des lettres et à leur possibilité d'allongement*. Le calligraphe choisit celui qui exprimera le dynamisme qu'il souhaite donner au mot.

Le calligraphe répartit dans l'espace* les lignes directionnelles de sa composition pour la mettre en mouvement. Puis il loge les autres lettres autour de cette charpente, en emboîtant les courbes. S'il lui reste des lettres rebelles à tout agencement, il les écrit avec un petit calame* ou les place en un autre lieu équilibré plastiquement.

Dans les textes anciens, l'éloge le plus fréquent fait à la calligraphie est de paraître en marche même si ses lettres sont fixes.

Toughra, XIXe siècle. Mosquée Ulu, Bursa, Turquie.

Écriture

Qu'est-ce que la parole?
C'est un vent qui passe.
Qui peut l'enchaîner?
L'écriture.

Al Qalqashandi, XVe siècle

Les Arabes étant autrefois un peuple de nomades, l'oralité était le seul moyen de conserver la parole. Elle fut longtemps privilégiée chez eux. Ils la jugeaient plus fiable que l'écriture*, peut-être à cause des supports* rudimentaires de l'époque. Plus tard, même après que l'écriture se fut répandue, il n'est pas rare qu'une personne sachant écrire préfère néanmoins apprendre un texte par cœur, si elle veut réellement le protéger de l'oubli. C'est l'une des raisons de l'arrivée tardive de l'écriture chez les Arabes.
L'arabe s'écrit de droite à gauche. Les lettres* sont pour la plupart liées entre elles. Ainsi, chaque mot crée une entité et devient un signe* en lui-même.
C'est une écriture alphabétique et consonantique de vingt-huit lettres : vingt-cinq consonnes et trois voyelles longues. Les voyelles brèves ne figurent pas dans l'écriture courante. On ne note les signes de vocalisation* que dans le Coran et dans les textes destinés aux enfants ou à l'enseignement. L'absence de ces signes demande donc, de la part du lecteur, de l'imagination. Il doit comprendre le contexte pour saisir la signification exacte du mot. L'écrivain Qasim Amin a dit de l'écriture arabe qu'il faut la comprendre pour la lire et non la lire pour la comprendre. C'est une écriture condensée qui nécessite, pour être intelligible, une lecture réfléchie.
L'écriture arabe s'est répandue simultanément aux conquêtes,

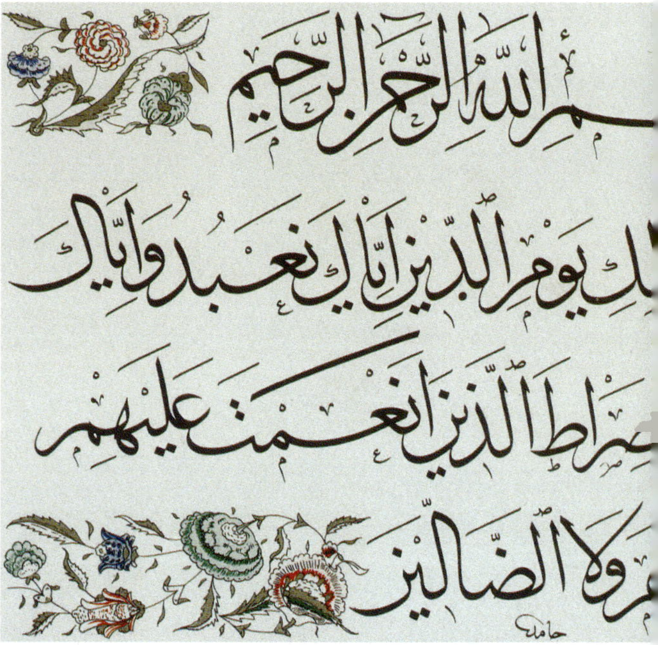

Calligraphie de Hamed en style Thoulth. Turquie, 1971.

de l'Espagne à la Chine. De nombreux pays islamisés ont gardé leur propre langue, différente de l'arabe, mais ont adopté son alphabet pour la transcrire. De l'Asie à l'Afrique, trente-deux langues utilisent ou ont utilisé les caractères arabes, comme le persan ou le ourdou. Certains pays, telle la Turquie en 1928, les ont abandonnés au profit de l'alphabet latin. On qualifie de « calligraphie arabe » toute calligraphie qui transcrit les caractères de l'alphabet arabe, même si elle est réalisée par un calligraphe turc ou persan.

L'écriture est vénérée dans le monde arabo-islamique parce qu'elle a servi à transcrire le texte sacré. Dès leur plus jeune âge, les citadins des pays d'Islam, dépourvus d'images*, côtoient l'écriture. Elle s'inscrit dans leur mémoire et fait qu'une calligraphie est toujours regardée avec respect et émotion. L'écriture est présente partout, calligraphiée sur les monuments contemplés chaque jour.

Encre

Les étoiles de la sagesse brillent dans la profondeur de l'encre.

Calife Al Mamoun, IXe siècle

L'encre utilisée en calligraphie arabe est essentiellement noire. Pour le calligraphe elle est la chair de la lettre*. Par les différentes nuances de noir, plus ou moins accentuées, elle donne vie au tracé.

Les calligraphes arabes utilisent deux catégories principales d'encres : l'une, *madâd* (au carbone), contient du noir* de fumée mélangé à de la gomme* arabique et à de l'eau ; l'autre, nommée *hibr* (métallo-gallique), est à base de noix* de galle et de sulfate de fer (ou vitriol vert). Une troisième encre, mixte, est

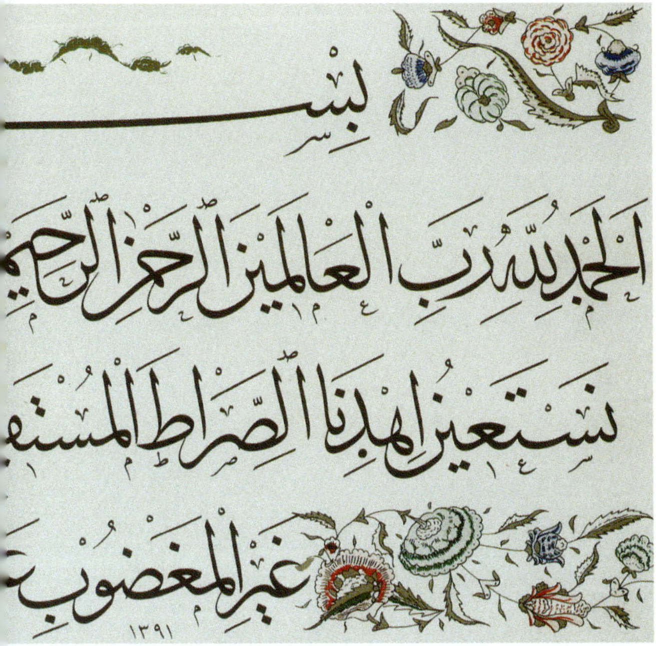

parfois employée, elle comporte à la fois des noix de galle et du noir de fumée.
D'autres ingrédients, variables d'une recette à l'autre, sont ajoutés : alun*, écorce de grenade, clou de girofle, noyaux de dattes brûlés et broyés, lait caillé, safran, miel, blanc d'œuf, eau de rose, myrte. À la fin de la préparation, l'encre est filtrée et éventuellement parfumée.
Le plus délicat est d'obtenir un mélange homogène des différents constituants. À ce propos, des textes anciens donnent des conseils sur la manière de bien secouer l'encre : accrocher sa bouteille d'encre sur le dos d'un chameau d'une caravane en partance pour La Mecque – le voyage prenant plusieurs mois, au retour elle est parfaite – ou fixer la bouteille à la porte d'un hammam très fréquenté.
L'encre, primordiale pour le calligraphe, a suscité, au cours de l'histoire, des recherches approfondies et l'écriture de nombreux traités. Ibn Badis, en particulier, rédigea en 1025 un important recueil sur les encres, mais qui traite aussi du calame*, du papier*, de la reliure.
Il existe des centaines de recettes d'encre différentes. Certaines encres se présentent sous forme de petites galettes sèches. Elles servent au voyageur ou au calligraphe itinérant qui n'a plus qu'à y ajouter un peu d'eau pour pouvoir écrire.
Aux siècles passés, dans les grandes villes, un souk spécialisé regroupait les fabricants d'encre. Mais chaque calligraphe sait bien sûr confectionner ses encres et a ses recettes secrètes.
Connaître les recettes permet au calligraphe de maîtriser la fabri-

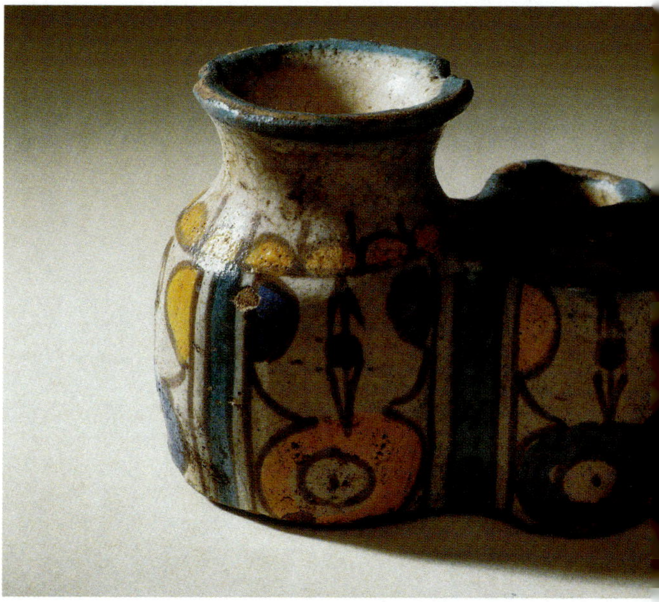

Encrier en céramique, Maroc.

Un poids égal de suie et d'alun prendras,
Le double en noix de galle ajouteras,
Le triple en gomme utiliseras
Et de la force de tes bras te serviras.

Recette arabe du Moyen Âge

cation de son encre et de l'adapter à tel ou tel papier. Par sa densité, sa fluidité ou sa noirceur, l'encre participe à l'accouchement de la vision du calligraphe. La couleur* quant à elle permet d'éclairer le sens du texte, par la coloration de certains signes*. Les calligraphes contemporains l'utilisent plus largement, en se servant d'encres colorées ou de pigments*.
Autrefois, lorsque le calligraphe souhaitait qu'un courrier calligraphié sèche rapidement, il le saupoudrait de sable fin. Certains mêlaient au sable de la poudre d'or qui, en se fixant sur l'encre noire, la faisait scintiller après séchage.

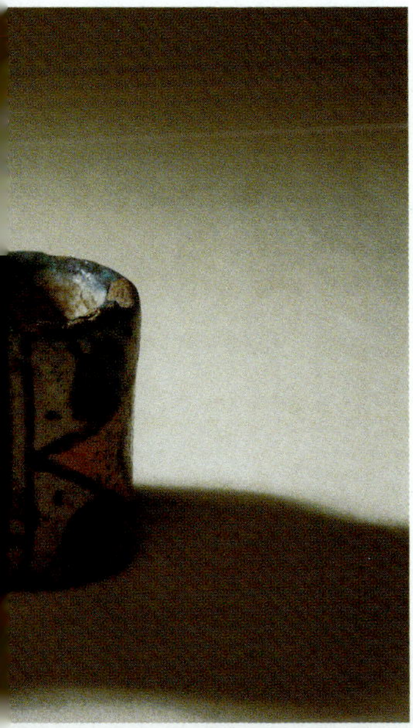

Encrier

L'encrier doit être du meilleur bois, de grand prix et assez long. La longueur doit être d'un dirac ou un peu moins. La largeur interne doit être suffisante pour contenir cinq roseaux pour le calligraphe, mais pour retenir la fortune, il en faut sept : sept pour régir les sept parties du monde.

Anonyme, XIe siècle

Le calligraphe attache une grande importance à son encrier. Chaque encrier contient, en son fond, une lika*. L'encrier peut être en porcelaine, en céramique émaillée, en verre, en cuivre ou en argent. Ce sont parfois de véritables chefs-d'œuvre décorés

Encriers de voyage ou écritoires.

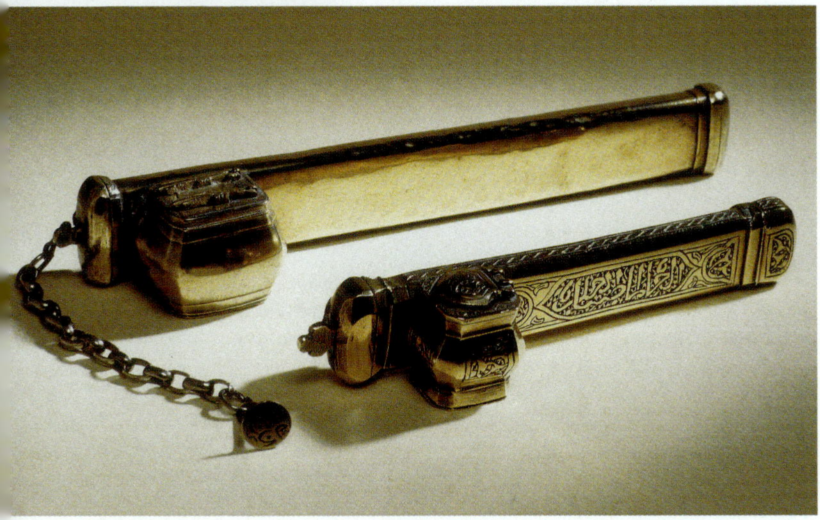

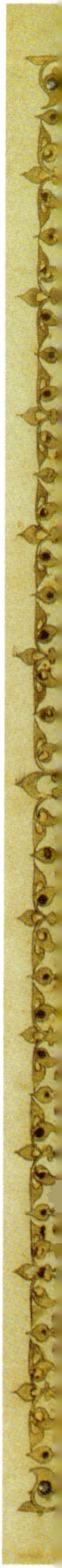

Page de Coran enluminée, début du XIVe siècle, Le Caire. Londres, British Library.

de calligraphies – éloge à l'écriture* ou phrase de sagesse –, ou bien d'ornements* végétaux ou géométriques.
Certains sont conçus pour être utilisés n'importe où, en déplacement, ce sont les encriers de voyage ou écritoires. Un petit godet avec couvercle sert à contenir l'encre* sèche à laquelle il faut ajouter un peu d'eau le moment venu. La partie allongée, accolée au godet, contient les calames* et est fixée dans la ceinture. Ce genre d'encrier était utilisé par les fonctionnaires de l'administration ottomane qui allaient de maison en maison collecter les impôts.
Le calligraphe possède également un « plumier », lui aussi finement décoré, servant à ranger les calames.

Enluminure

L'enluminure est un ornement* peint, très raffiné, végétal ou géométrique, qui décore certaines pages des manuscrits*. Elle accompagne la calligraphie arabe dès les premiers temps. C'est un élément esthétique qui équilibre l'espace* de la page et lui donne vie par ses couleurs*.
Les premiers calligraphes l'utilisent avec parcimonie. Dans les corans, de petits ronds or, et rouges ou bleus, séparent les versets et scandent le texte. Des médaillons au motif végétal stylisé ou de forme étoilée, dorés et rehaussés de couleurs, sont, eux, placés en marge du texte pour indiquer un groupe de cinq ou dix versets.
Les doubles pages initiales et finales du Coran sont enluminées d'ornements abstraits, dépourvues de texte, les faisant ressembler à des tapis. Les titres sont également enluminés. Les couleurs varient mais l'or et le lapis-lazuli dominent. De tels manuscrits enluminés, luxueux, demandent des mois de travail et sont souvent la commande de princes.
L'enluminure peut être mêlée intimement à la calligraphie en des volutes enlacées derrière les lettres*, comme dans les titres des chapitres ou les merveilleuses et raffinées Toughra* ottomanes. Elle peut également encadrer une calligraphie pour la mettre en valeur. Ce type de cadre est réalisé à partir de deux éléments de base seulement : un motif pour les angles et un pour les parties droites suffisent à former un cadre entier, par des jeux de répétitions successives et d'inversion de sens. Les Houlia* ou d'autres calligraphies destinées à être accrochées à un mur sont enluminées de cette manière. La calligraphie y est réalisée sur un papier* clair et lisse, qui est ensuite collé sur un autre papier plus rigide, moins lisse et plus apte à recevoir les couleurs de l'enluminure. L'enlumineur peut également utiliser un papier foncé – bleu, brun ou même noir –, sur lequel il applique évidemment des peintures plus claires.
Le calligraphe, dès le début de son apprentissage, étudie aussi la technique de l'enluminure. Il dessine les motifs à l'aide d'un qalab*, puis les colorie. Bien que les calligraphes soient capables de réaliser des enluminures, il existe des enlumineurs professionnels qui travaillent en collaboration avec les calligraphes. Le métier d'enlumineur se transmet souvent de père en fils.

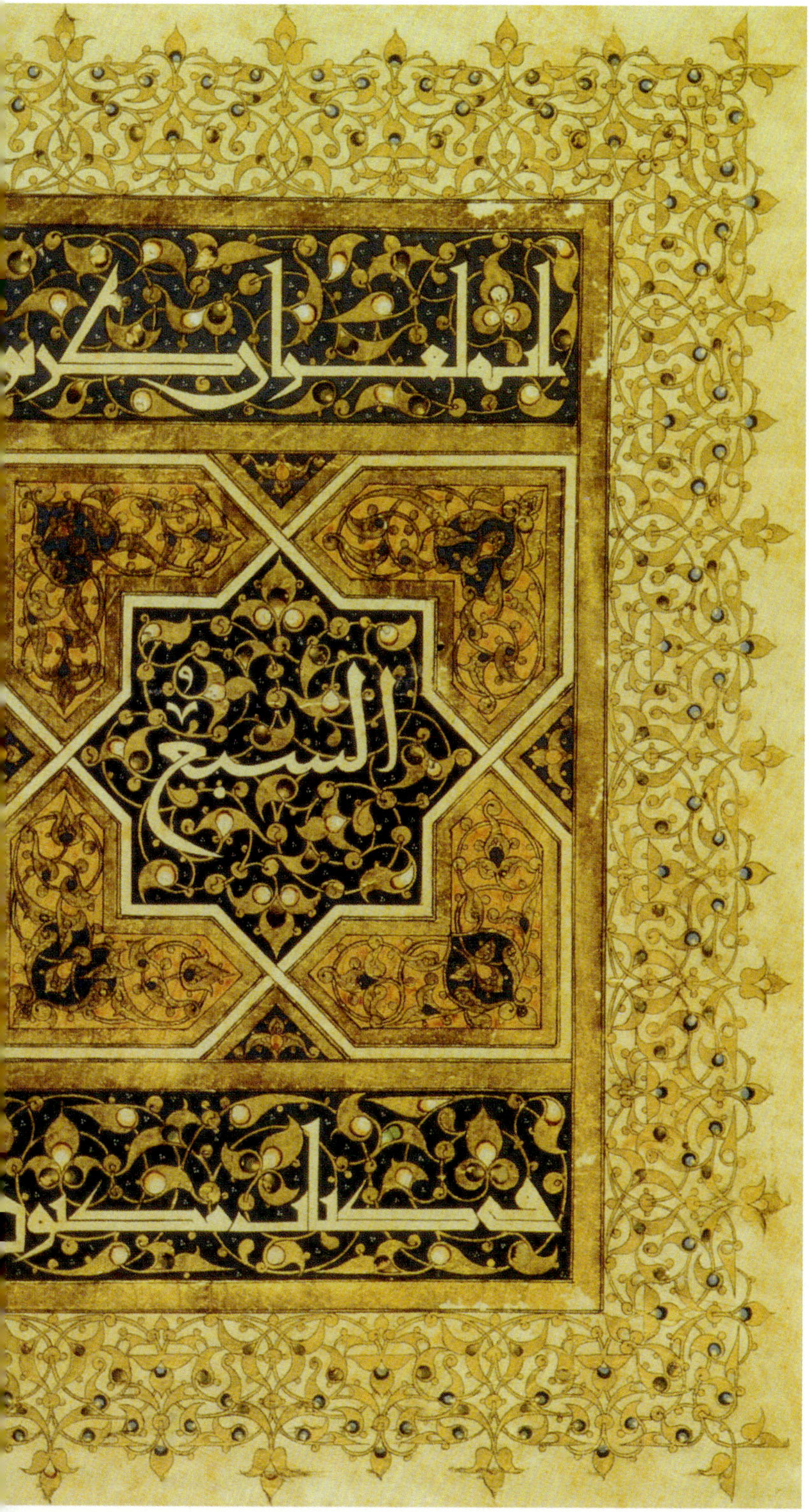
السبع

ESPACE

Dès que le calligraphe trace son premier geste noir sur la feuille blanche, l'espace s'installe et se définit. S'il s'agit d'une simple ligne horizontale, l'imagination y voit déjà un paysage : l'horizon, le ciel en haut, la terre en bas.

L'espace est à recréer sans cesse dans chaque calligraphie. La forme des lettres* et le changement de leurs proportions suivant leur place dans le mot demandent un ajustement continu. L'espace devient l'élément central de la composition*. Le vide entre les lettres (voir Plein et vide), ou à l'intérieur

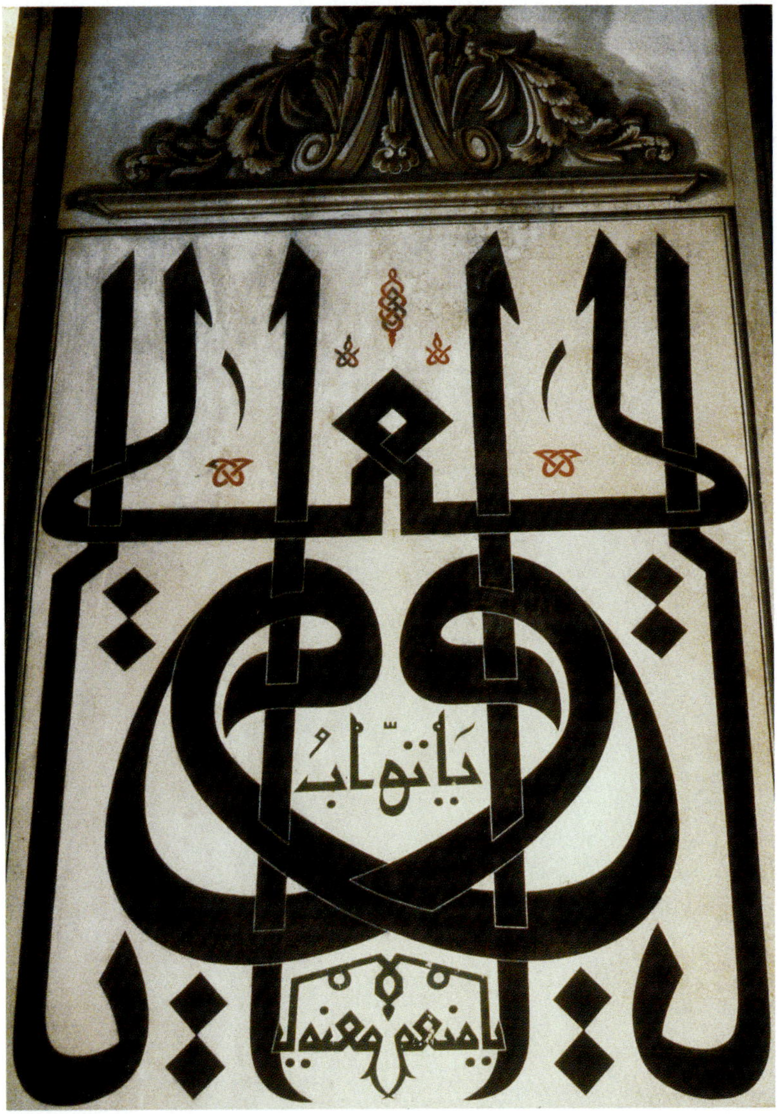

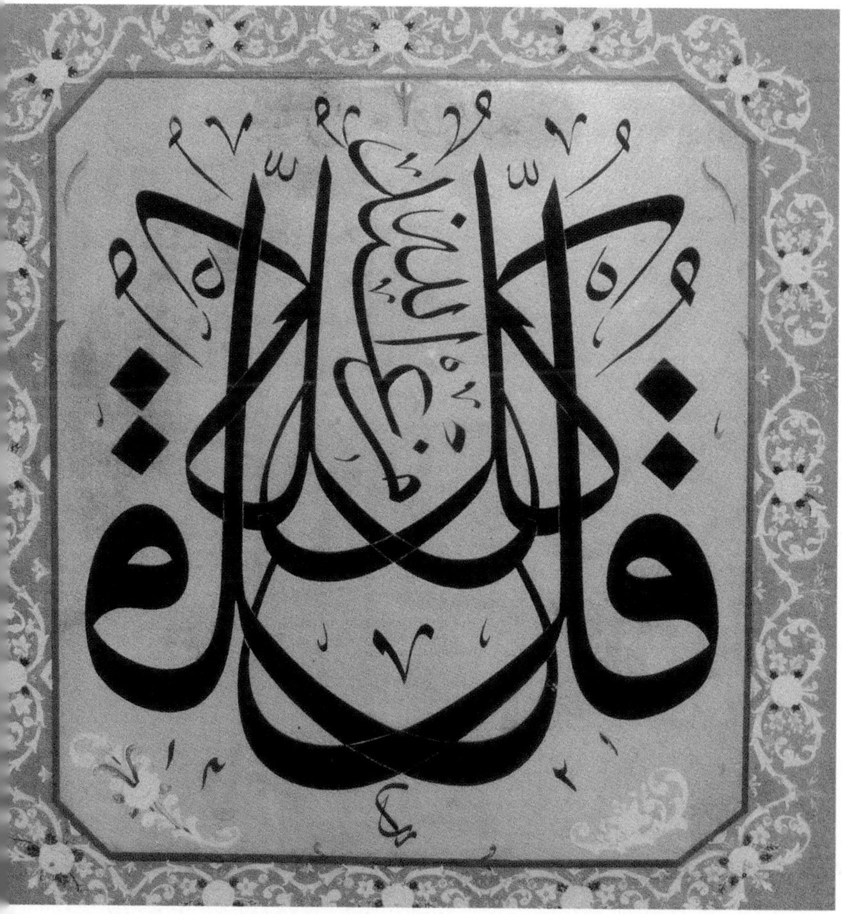

d'un groupe de mots, est souvent ce qu'il y a de plus visible, ce qui reste mystérieux et échappe à la définition. Le calligraphe souhaite toujours rendre l'espace aussi fort et agissant, aussi tendu et efficace que les lettres elles-mêmes.

L'espace, c'est un champ de rêverie comme une ligne d'horizon dans le désert qui permet à l'observateur de s'évader derrière la chevauchée chorégraphique des lettres. Une belle composition est celle qui permet de voir l'espace au-delà de la calligraphie, plus que la calligraphie elle-même. Cet espace est celui du calligraphe, enfoui en son cœur depuis l'enfance.

Calligraphie de Rassa. Syrie, 1903.

Page ci-contre Calligraphie de style Thoulth en miroir, XIXe siècle. Grande Mosquée, Bursa, Turquie.

Exercice

La calligraphie est un art de patience. L'apprentissage initial demande des années d'exercices et de pratique quotidienne. L'élève calligraphe trace ses lettres* avec leurs points-mesure*. Pendant l'exercice, les lettres doivent être exécutées avec une extrême lenteur* afin que leur forme se grave dans la tête de l'apprenti et arrive plus tard comme par réflexe au bout de son calame*. L'exercice est aussi un moyen d'éduquer le mental à l'ordre géométrique et à la proportion saine. Il peut consister en la répétition des lettres ou en la copie d'œuvres des grands maîtres, sans jamais se lasser, jour après jour. Quand l'élève a suffisamment assimilé de technique, base de toute évolution et de tout progrès, il peut alors créer de lui-même et libérer son expression*.

L'exercice quotidien, pour un calligraphe confirmé, est une manière de garder vivants son geste et toutes les nuances calligraphiques qui risquent d'être rapidement oubliées sans pratique. Il s'échauffe la main comme le musicien fait ses gammes. Mais après quelques heures d'exercices, il lui arrive de penser : « Je ne trouve pas mon alif* ni mon ba, je recommencerai demain. » Malheureusement, de nos jours, un calligraphe ne peut se permettre une telle interruption. Pourtant, prendre le temps de réaliser, dans les meilleures conditions, une belle calligraphie, est un enrichissement du patrimoine des œuvres de l'esprit.

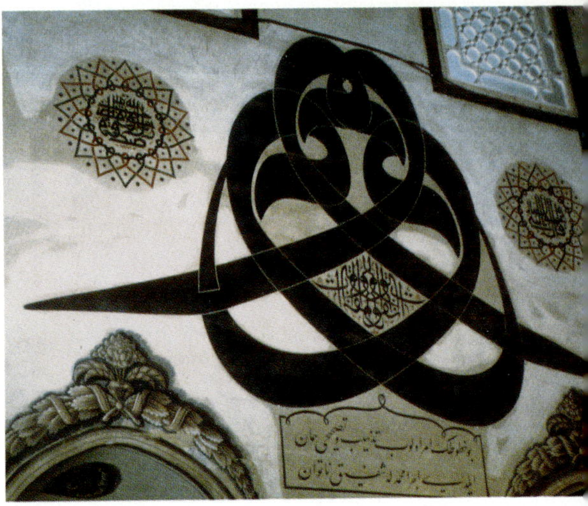

Calligraphie monumentale. Mosquée Ulu, Bursa, Turquie.

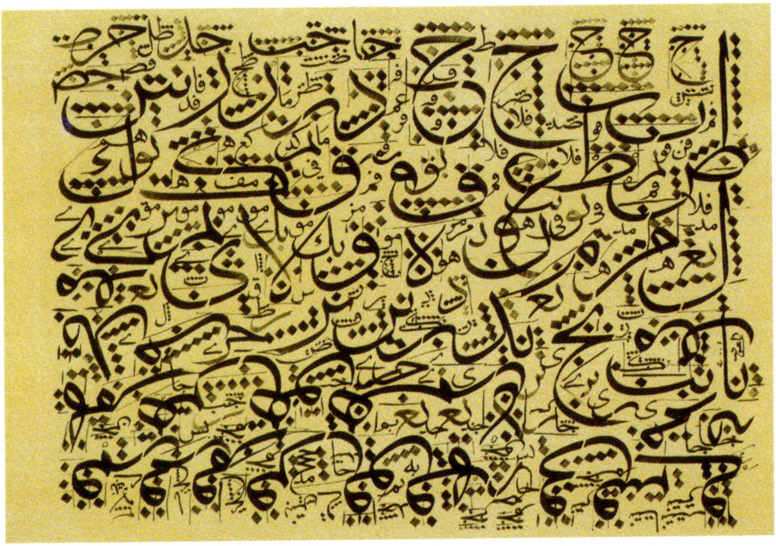

Page d'exercice.

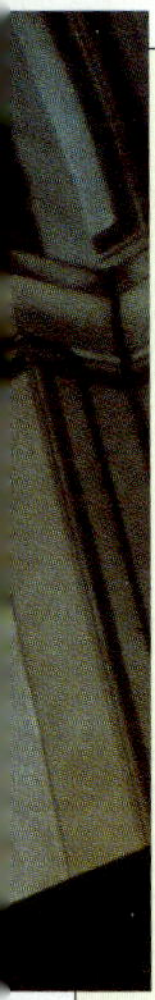

EXPRESSION

Quoique sourd, le calame entend les appels,
et quoique muet, il s'exprime avec éloquence.

Ala Ibn Oubaïda, VIIIe siècle

Dans la société traditionnelle, on demande à l'élève de respecter le maître* et de suivre sa méthode, avec ses codes*. Ce qu'auparavant le maître avait fait avec son propre maître.
L'expression du calligraphe traditionnel est moulée à l'intérieur des codes établis par les anciens et qui sont respectés de tous. Casser ces règles, c'est se mettre hors des codes de la société, en subir les conséquences et ne plus recevoir de commandes.
Chaque siècle, quelques rares calligraphes sont des créateurs et ont le courage d'apporter des nouveautés. Sous l'Empire ottoman surtout, les règles étaient strictement appliquées : le respect de l'héritage du passé, l'observance rigoureuse des codes, la forme unique d'apprentissage de maître à disciple. Ces règles peuvent être de bonnes choses en elles-mêmes, mais bloquent le calligraphe et restreignent sa recherche. Au XXe siècle, l'effondrement de l'empire lui donne une nouvelle liberté. Mais il est alors abandonné par ses protecteurs habituels, les princes ou les mécènes qui le faisaient vivre.
Aujourd'hui, le jeune calligraphe se perfectionne comme il peut. Quand il ne trouve pas de maître pour lui enseigner les techniques de base, il copie les anciens. C'est un exercice* toujours enrichissant. Le calligraphe contemporain doit trouver un équilibre entre les règles qu'il a apprises en faisant appel à sa mémoire, et sa propre expression, qu'il produit en se libérant. Cette nouvelle génération de calligraphes utilise les lettres* sans appliquer la rigueur ancienne des codes structurés. Mais ils se nourrissent toujours des œuvres du passé pour leur propre inspiration. L'expression, c'est aussi la vitesse, la recherche de l'intuitif mais à condition de ne pas perdre l'essentiel dans cette rapidité.
Le calligraphe a la possibilité d'écrire le même mot de plusieurs façons dans un même style*, beaucoup de lettres pouvant avoir différents graphismes. Par exemple, la lettre mim, médiane en style Thoulth, peut prendre au moins quatre formes. Cela devient un jeu qui permet au calligraphe de reconstruire chaque mot. L'allongement* ou le raccourcissement des lettres arabes à volonté donne la possibilité de recréer sans cesse la forme des lettres. Le tracé reflète un sens caché et exprime les sensations du calligraphe à l'instant où il calligraphie. L'expression par la calligraphie n'équivaut pas à casser les lettres mais à trouver un nouvel élan plein de vitalité et de grâce, qui permet d'aboutir à une élévation esthétique.
L'inspiration peut être freinée par les codes ou par certains mots ou lettres du texte qui paraissent intraitables, indisciplinés, réfractaires à tout agencement, impossibles à faire plier à sa volonté. Ces obstacles aiguisent l'expression du calligraphe.
Son imagination peut être stimulée par l'étude des œuvres des grands maîtres, mais aussi par l'observation de la nature : la géométrie cachée d'une branche, d'une feuille, d'une fleur est une source infinie d'inspiration.

Firman

Le firman est un document administratif, un décret impérial des sultans ottomans. *Firman* veut dire « ordre », c'est un ordre émis par le sultan ou par son conseil d'État et donné à différentes administrations civiles ou militaires, ou bien utilisé dans le cadre de relations extérieures.
Calligraphié en style Diwani* par un calligraphe spécial attaché au palais, le firman est toujours précédé, dans le haut du document, de la Toughra* du sultan. Celle-ci est le plus souvent rehaussée d'enluminures*, ce qui en augmente la beauté. Un firman peut atteindre une longueur de cinq mètres. Il est roulé pour son transport et sa conservation. D'autres documents ont le même aspect, comme les titres de propriété, les nominations impériales ou les courriers diplomatiques. La Bibliothèque nationale de France conserve de tels courriers, envoyés par le sultan Soliman le Magnifique au roi de France François Ier.

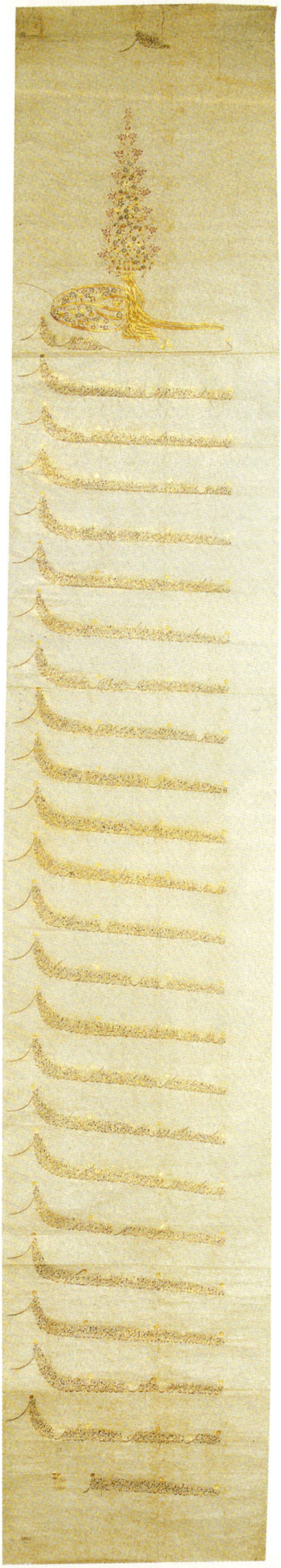

Firman du sultan Mehmed IV, XVIIe siècle. Istanbul, Musée islamique.

Gomme arabique

La gomme arabique est une résine végétale recueillie sur un acacia poussant en région semi-désertique. La qualité de la gomme arabique varie d'une région à l'autre. Celle que l'on trouve en Europe provient le plus souvent de Mauritanie ou du Sénégal. On récolte la gomme qui coule des entailles effectuées sur l'arbre. Elle se présente ensuite sous forme de petites billes translucides et jaunâtres. Pour l'utiliser, il faut la dissoudre dans l'eau, au fur et à mesure des besoins. Aujourd'hui, il existe de la gomme arabique liquide, vendue en flacon ; elle contient un conservateur qui l'empêche de moisir.
La gomme arabique est utilisée comme liant dans les recettes d'encre*. Ses molécules, qui restent en suspension dans l'eau, ont la particularité de stabiliser les particules de noir* de fumée, et de les empêcher de s'agglomérer et de tomber au fond de l'encrier*. Le sulfate de fer contenu dans l'encre assure à la gomme arabique une bonne conservation naturelle.
Les anciennes recettes arabes d'encre mentionnent une gomme de bonne qualité, récoltée sur un arbuste poussant dans la péninsule arabique. Cette gomme avait le mérite de donner une élasticité à l'encre et permettait ainsi d'écrire plusieurs mots sans retourner à l'encrier.

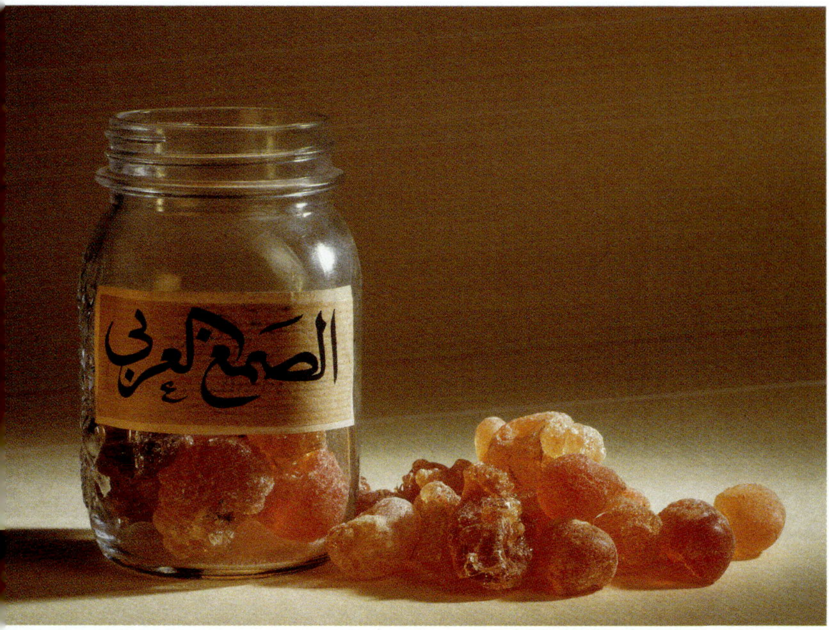

Gomme arabique.

Hachem Al Bagdadi

Hachem Al Bagdadi (1917-1973) est un calligraphe irakien. Très jeune, il commence à apprendre chez un maître* qui lui donne à tracer chaque jour quelques lettres* avec leurs points-mesure*. Il passe plus de dix heures à les copier et, en fin de journée, il brûle toutes ses feuilles sauf une qu'il montre le lendemain à son maître. Celui-ci la corrige et lui donne d'autres lettres à reproduire.

Puis il fait la rencontre du calligraphe Ali Al Fadhli qui vit dans une modeste cellule attachée à la mosquée*, et dont il ne sort

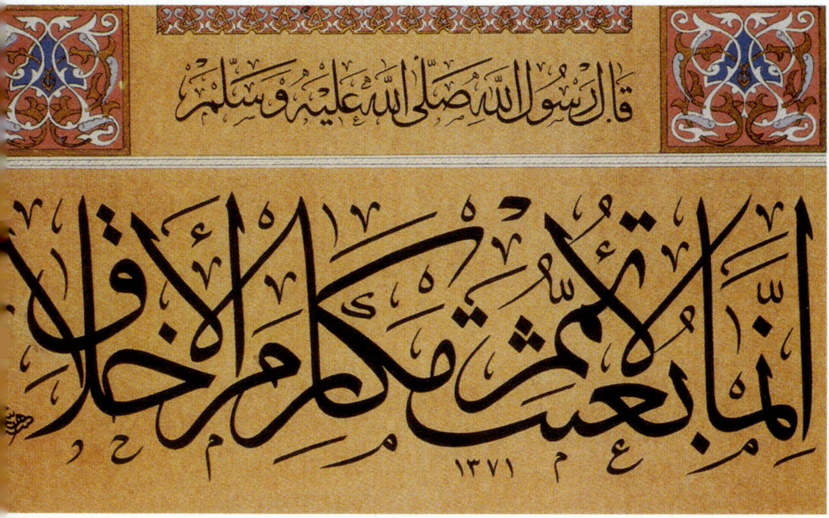

Calligraphie de Hachem en style Thoulth. Irak, 1951.

jamais. C'est l'un des derniers maîtres de l'école de Bagdad et il va orienter Hachem pendant des années.

Lors d'un voyage à Istanbul, Hachem rencontre Hamed* Al Amadi, l'un des derniers grands calligraphes turcs. Il le verra désormais chaque année jusqu'à sa propre mort en 1973. Cette relation ajoute à la grâce de la calligraphie de Hachem la finesse et la force de l'école ottomane. De cette influence naît un style qui lui est particulier.

On prend beaucoup de plaisir à regarder les calligraphies de Hachem. Chacune est réalisée comme un travail d'orfèvrerie, avec exactitude, précision et raffinement.

En 1968, Hachem publie un manuel sur les six styles* les plus courants et donne ainsi à nombre de jeunes gens le désir d'apprendre la calligraphie.

Hafez Othman

Hafez Othman (1642-1698) est un calligraphe ottoman. À l'âge de dix-huit ans, il a déjà assimilé la méthode de Cheikh* Hamadoullah.

Il est choisi comme maître* pour les jeunes princes qui deviendront successivement les sultans Moustapha II et Ahmed III. Il est bientôt une personnalité très estimée à la Cour. Lui-même reste modeste et consacre un jour par semaine à l'enseignement destiné aux pauvres de la ville.

Pour Hafez Othman, les exercices* quotidiens sont d'une grande importance. Il disait qu'il saurait reconnaître l'une de ses calligraphies réalisées le samedi. En effet, n'ayant pas travaillé le vendredi, jour de repos chez les musulmans, il exécuterait le jour suivant une calligraphie manquant de souplesse. Hafez Othman est surtout connu pour sa qualité d'exécution du style* Neskh*, raffiné et élégant. Il a réalisé de nombreuses copies du Coran.

On raconte que le sultan Moustapha II, le regardant, émerveillé par son art, lui dit : « Maître, y aura-t-il un jour un autre Hafez Othman ? Hafez répond : – Il y en aura, tant que d'autres sultans comme vous porteront l'encrier* de leur calligraphe. »

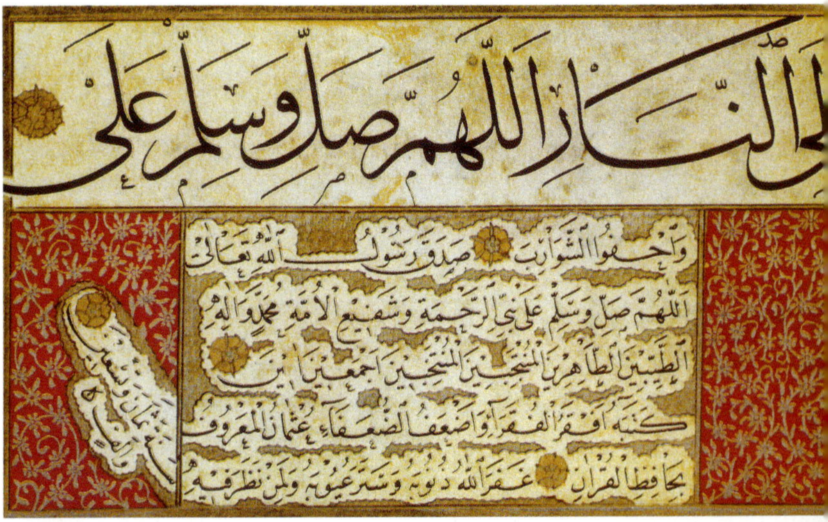

Calligraphie de Hafez Othman.

Hamed Al Amadi

Hamed Al Amadi (1891-1982) est l'un des derniers grands calligraphes turcs. Enfant, à l'école, il gagne une récompense pour avoir calligraphié la Toughra* du sultan.

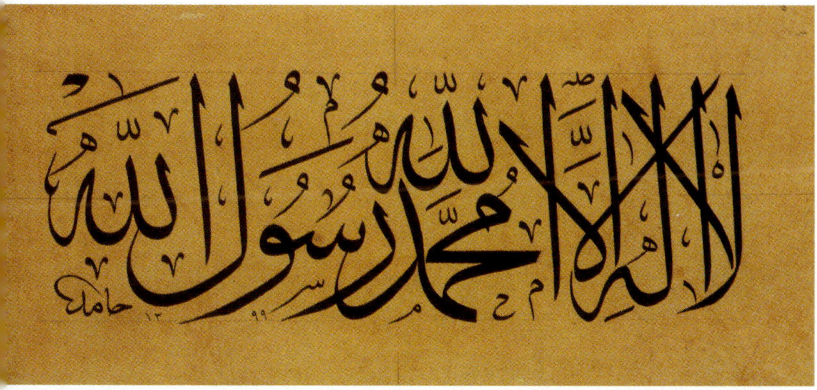

Calligraphie de Hamed en style Thoulth. Turquie, 1980.

Hamed arrive à Istanbul à l'âge de quinze ans. Il commence des études de droit mais, très vite, il entre aux Beaux-Arts pour y apprendre le dessin et la gravure. La mort de son père l'oblige à abandonner ses études pour travailler. Il trouve un emploi dans une imprimerie où il a la charge de dessiner des cartes géographiques. Il reste néanmoins en contact avec la calligraphie en copiant celles sculptées dans le marbre ou réalisées en céramique*, qui ornent les monuments. Istanbul est un musée de la calligraphie en plein air. Hamed dit avoir passé six mois à observer une calligraphie de Rakim* afin de pouvoir la copier. Son œuvre est l'héritière des quatre siècles d'école ottomane. Ses calligraphies sont monumentales, et l'on sent, au-delà d'elles, la présence de l'espace*.

À l'époque où Hamed se lance dans son métier de calligraphe, l'Empire ottoman laisse place à la République turque. En 1928, cette dernière remplace l'alphabet arabe, dans lequel était jusqu'à présent transcrite la langue turque, par l'alphabet latin. Pour Hamed, c'est le temps des difficultés économiques qui commence et sa lutte pour continuer à exercer l'art qu'il aime. Il obtient quelques rares commandes de restauration de monuments. Il parvient néanmoins à poursuivre son activité, recevant nombre d'encouragements de la part de calligraphes du monde arabo-islamique.

Hamed a joué un rôle important dans la continuité reliant la calligraphie ancienne à celle d'aujourd'hui.

Houlia

Depuis le XVIIe siècle, des termes spécifiques définissent les différentes œuvres calligraphiques.

Une Houlia est composée de bandeaux, de ronds, de rectangles où s'inscrivent des calligraphies. Elle est souvent haute d'un mètre et contient divers textes dans des styles* et des tailles qui varient. La calligraphie est réalisée soit directement sur une seule feuille de papier*, soit sur plusieurs morceaux assemblés ensuite par collage. Des enluminures* viennent

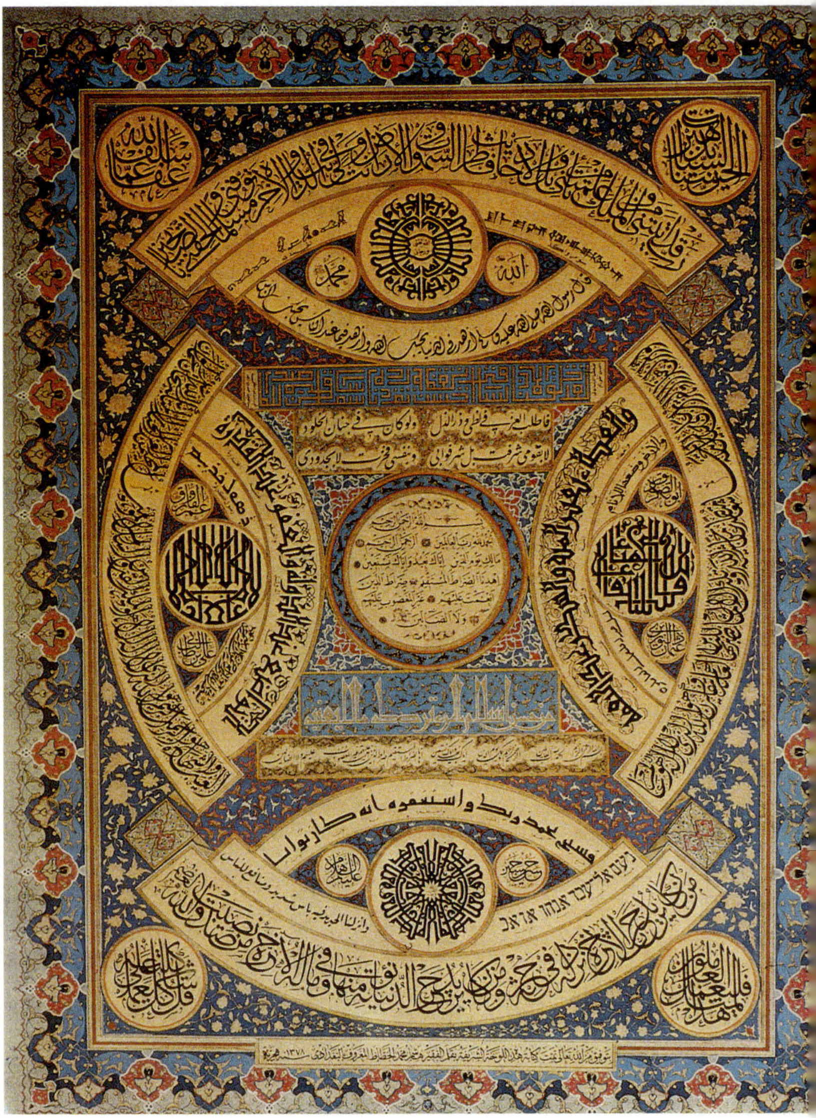

rehausser les calligraphies. Les plus anciennes Houlia conservées sont, l'une de Hafez* Othman, datée de 1642, l'autre de la calligraphe Issmaa Abret, datée de 1794.
Il existe d'autres genres particuliers, comme le Kita ou le Leuha. Le Kita est un petit morceau de papier généralement de dix centimètres sur vingt et divisé en deux parties : une ligne en style Thoulth* très large, suivie de quelques lignes en Neskh* mince. Le papier est ensuite collé sur un carton qui sera enluminé.
Le Leuha est une grande calligraphie reproduite à l'aide d'un qalab* sur un panneau de carton et encadrée. Le Leuha est accroché au mur comme un tableau. Il est fait pour être vu de loin. La calligraphie y est souvent dorée ou claire, sur un fond noir ou bleu. Ce genre est pratiqué chez les Ottomans aux XIXe et XXe siècles.

Houlia de Hachem. Irak, 1958.

Ibn Al Bawwab

Toi qui veux exceller dans la calligraphie,
à ton seigneur et maître, il faut que tu te fies.
Tu devrais préparer un roseau droit et fort,
choisir, pour le tailler, le plus fin de ses bords.
Qu'il ne soit ni trop long ni trop court, que sa fente
passe par son milieu et soit équidistante
des deux côtés. Tailler le bec est un secret,
dont tout ce que je peux te dire, c'est qu'il est
tout dans la forme : ni en biais, ni ronde.
Pour l'encre, il te faut une écritoire profonde
où vinaigre, verjus, camphre, suie, orpiment
mêlés à l'ocre rouge, ont produit un ferment.

Extrait d'un poème d'Ibn Al Bawwab, XIe siècle, traduit par Vincent Monteil

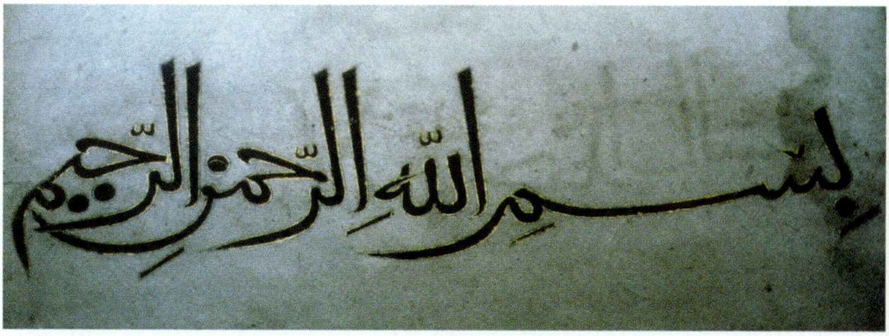

Calligraphie d'Ibn Al Bawwab. Musée de Topkapi, Istanbul, Turquie.

Ibn Al Bawwab (mort en 1022) est d'origine modeste ; il est fils de portier, d'où son nom en arabe. Jeune, il travaille comme décorateur et peint des ornements sur les murs et les plafonds. Plus tard, il s'oriente vers la miniature et la calligraphie de livres manuscrits*. Parallèlement il continue des études religieuses et littéraires, et devient orateur à la mosquée* Al Mansour de Bagdad.
Nommé conservateur d'une grande bibliothèque* privée à Chiraz en Iran, il y côtoie l'élite intellectuelle, ce qui l'incite à écrire de la prose et de la poésie. On lui confie la mission de copier, aidé d'autres calligraphes, un exemplaire de chaque livre connu à cette époque.
C'est surtout en calligraphie qu'Ibn Al Bawwab excelle. Il réforme les méthodes existantes et invente des styles*. Dans ses calligraphies d'une grande variété, l'élégance alterne avec la force. Il calligraphie des poèmes et des réflexions sur la calligraphie.

Ibn Moqla

Ibn Moqla est un prophète dans
l'art calligraphique.
Son don est comparable à l'inspiration
des abeilles construisant les alvéoles.

Abdallah Ibn Al Zanji, Xe siècle

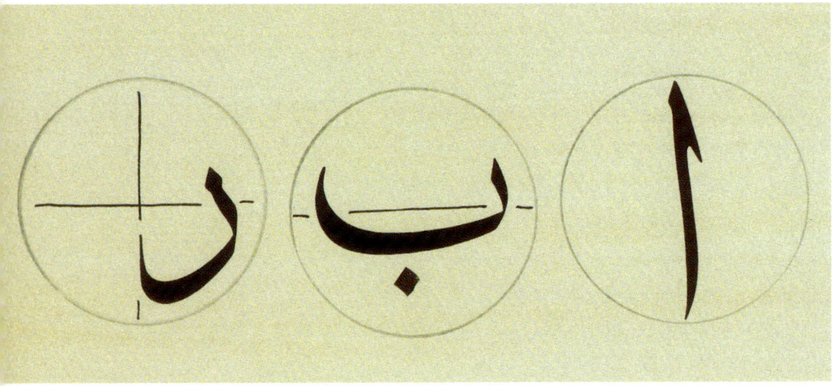

Codes des lettres selon Ibn Moqla.

Ibn Moqla (886-940) est un calligraphe irakien, ainsi qu'un poète et un écrivain. Il occupait également les fonctions de vizir (ministre) du calife de Bagdad, mais sa fonction ministérielle conduisit sa vie vers une fin tragique.

Il codifie les lettres* et fixe leurs proportions, la lettre-étalon alif* formant le diamètre d'un cercle. Toutes les autres lettres s'inscrivent dans ce cercle ou dans ses sections.

Ibn Moqla fait triompher la courbe en calligraphie et remplace le Koufi* du Coran par le style* Neskh*. Il nous a laissé un précis sur la technique et les codes* de la calligraphie, dont la Bibliothèque nationale du Caire possède une copie réalisée en 1663 par le calligraphe Mohammed Al Chafaï. Ce précis est un condensé, en dix pages, de l'essentiel de sa théorie sur le tracé des lettres. Sont aussi évoqués le calame* et sa coupe*, l'encre* et sa préparation. Ibn Moqla conclut ainsi ce précis : « Il ne faut pas se contenter du moindre, il faut se critiquer soi-même comme on critiquerait un autre calligraphe. »

On ne possède malheureusement plus de calligraphie d'Ibn Moqla.

Calligraphie en forme de grue, d'après Rakim. Turquie, 1808.

Image

L'idolâtrie était très répandue dans les tribus de l'Arabie préislamique.

L'Islam, lui, n'a pas encouragé l'image et, pendant quatorze siècles, la calligraphie l'a remplacée sur les monuments.

Au IXe siècle, les jurisconsultes musulmans proclament que « les lieux de culte doivent être exempts de toute image représentant un être doué d'une âme ». La calligraphie devient le premier art visuel de la cité musulmane dépourvue de statue et d'image. Elle est le principal décor admis dans la mosquée*, le palais, la madrasa*, à côté des ornements* géométriques et végétaux.

Il existe bien quelques scènes figurées dans des édifices civils mais cela reste marginal. Par contre, la représentation du vivant se développe dans la miniature, sur la céramique* utilitaire ou les objets en cuivre, et même, paradoxalement, en calligraphie où les mots deviennent « figure ».

Les manuscrits* scientifiques sur la zoologie, la médecine, la botanique, les techniques, où l'illustration aide à la bonne compréhension du texte, s'enrichissent de dessins d'animaux, de plantes ou d'instruments ;

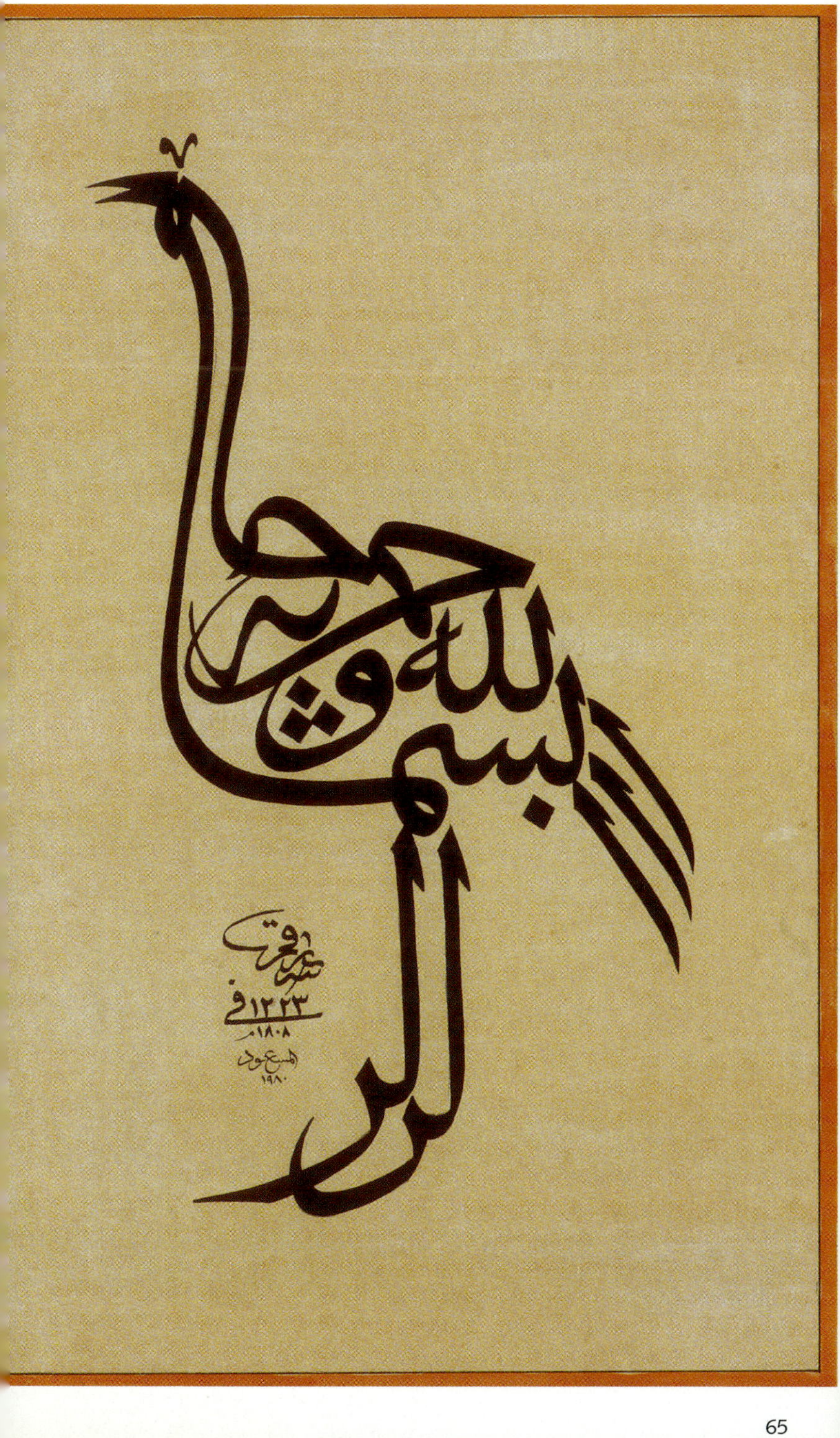

tel est le cas du *Livre de la Thériaque,* de Galien, calligraphié et peint en Irak en 1199. Quant aux textes littéraires, comme le chef-d'œuvre *Les Maqamats de Al Harriri,* calligraphié et peint par Al Wassiti en 1237 à Bagdad, ou le recueil de fables *Kalila et Dimna* du début du XIIIe siècle, ils sont illustrés de miniatures qui ne donnent pas une représentation figurée réaliste. Elle n'a ni ombre, ni relief, ni profondeur. La perspective n'existe pas, les objets, tapis, bassins ou meubles sont vus de dessus, en plan.
L'art de la miniature a produit des chefs-d'œuvre à Bagdad au XIIIe siècle, puis en Iran du XIVe au XVIIe siècle, ainsi qu'en Turquie et en Inde. Certains miniaturistes sont aussi calligraphes et inversement. Les livres deviennent alors de véritables œuvres d'art, où miniatures et calligraphies sont intimement mêlées.
Certains calligraphes ont contourné la tradition en calligraphiant soit des versets du Coran, soit des éloges à une personne sainte, sous forme de poire, de lion symbole d'action, de grue symbole de pureté et de fidélité en Orient, etc.
Le manque d'image stimule l'imagination et incite le cerveau humain à fabriquer lui-même des images, au travers du mot, de manière abstraite. La source de l'écriture* est d'ailleurs dans l'image. Les premières écritures sont des dessins. Le premier alphabet est constitué d'images simplifiées, qui, au cours des temps, se sont épurées pour finalement devenir des lettres. Cette origine reste sous-jacente, même si d'un calligraphe à l'autre et d'un style* à l'autre, la lettre évoque des images diverses.

Jeli Diwani

Le Jeli Diwani est un style* de calligraphie dérivé du Diwani*. Les lettres* sont un peu plus épaisses et les parties verticales plus droites. Le vide entourant les lettres (voir Plein et vide) est rempli par des signes* de vocalisation et autres, ainsi que par des points* dont la seule fonction est décorative. Ils sont tracés avec un calame* plus petit

La terre est ma patrie, l'humanité ma famille, Gibran. Style Jeli Diwani.

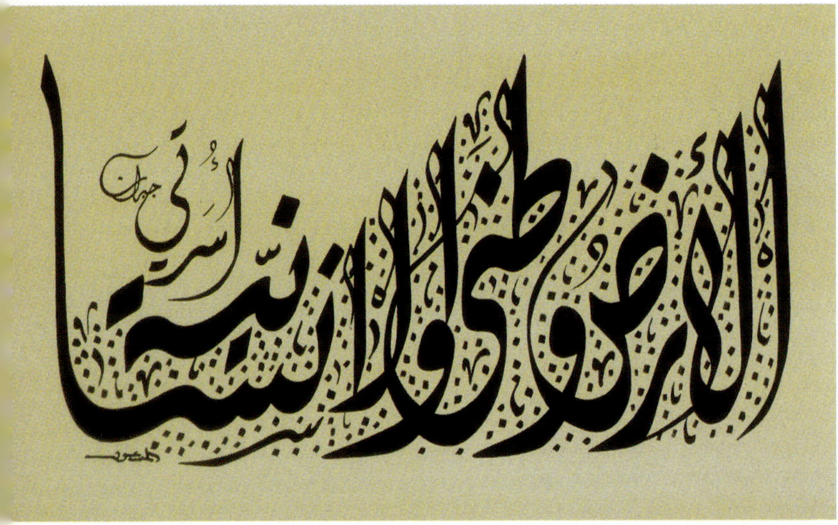

que celui ayant servi aux lettres. Regardé de loin, le Jeli Diwani évoque une chevauchée dans la poussière.
Sous l'Empire ottoman, il sert souvent à calligraphier les titres des firmans* sous la Toughra*. À partir du XIXe siècle, il est utilisé par les calligraphes pour réaliser des compositions* de textes sacrés, de poésies ou de paroles de sagesse.

Kaaba, Grande Mosquée.
La Mecque, Arabie Saoudite.

Kaaba

La Kaaba est un édifice cubique, sacré, situé au centre de la Grande Mosquée* de la ville de La Mecque. Avant l'islam, c'était un temple qui abritait les dieux et déesses des tribus d'Arabie. C'était un espace d'images*.
Avec l'arrivée de l'islam, la Kaaba est uniquement recouverte de calligraphies en style*

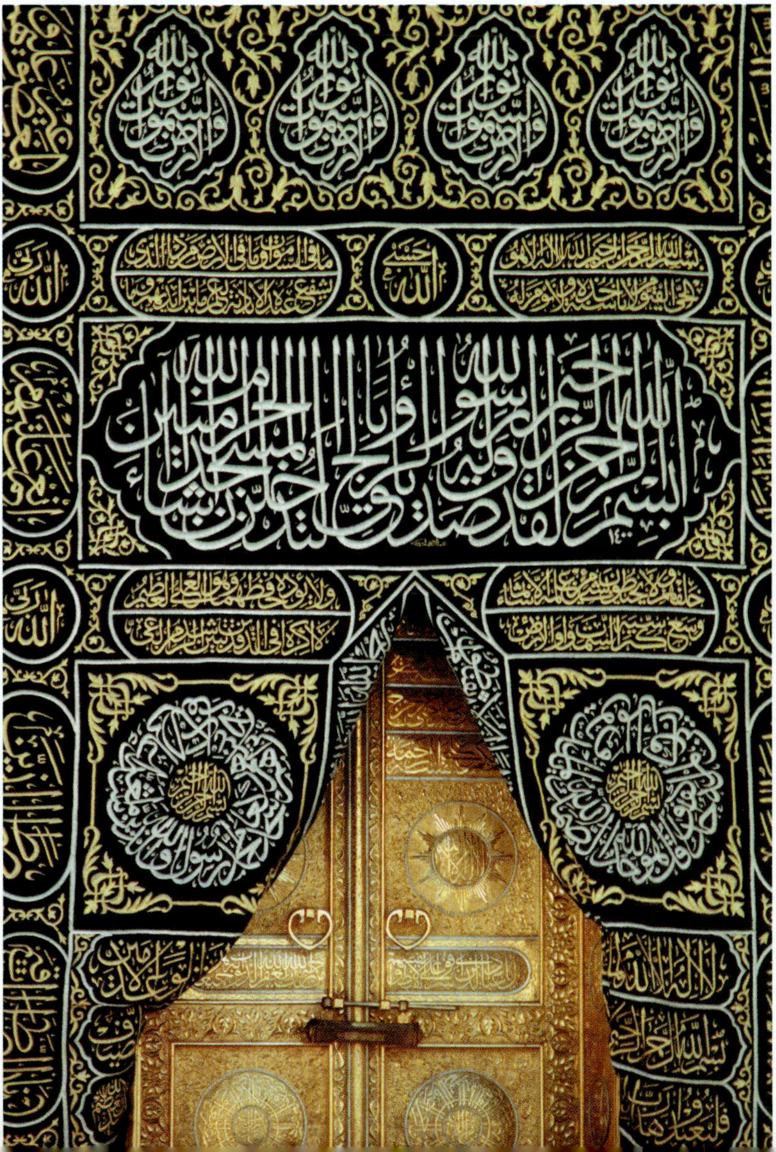

Thoulth*, brodées de fils d'or sur de la soie noire. Cette étoffe, la *kiswa,* est changée chaque année. La calligraphie transcrit des versets du Coran. La Kaaba devient un lieu abstrait par son décor de signes*, afin de mieux exprimer la conception musulmane de Dieu.

C'est dans la direction de la Kaaba que s'orientent les musulmans du monde entier pour les cinq prières quotidiennes, et c'est autour de la Kaaba qu'a lieu le pèlerinage annuel.

Koufi

Le Koufi est un nom générique qui recouvre plusieurs styles* de calligraphie.

C'est une écriture* rigide, avec très peu de courbes et une dominance de lignes droites, le Koufi* géométrique* étant même exclusivement composé de droites.

Les calligraphes distinguent deux genres : le Koufi des livres et le Koufi des monuments, chaque groupe recouvrant une grande variété.

Le Koufi des livres manuscrits* est le principal style utilisé pour la copie du Coran pendant les premiers siècles de l'Islam, jusqu'à ce qu'il laisse la place au Neskh*. Généralement, le Koufi des livres est calligraphié à main levée, au calame*. Le Koufi des monuments est, lui, dessiné sur papier*, agrandi, puis reporté à l'aide d'un qalab* sur le support*. Il est enfin sculpté ou gravé, dans la pierre, le stuc, le bois, etc. D'un monument à l'autre, le Koufi varie et se fait fleuri, tressé ou géométrique.

Le Koufi fleuri évoque des tiges de plantes. Un motif végétal stylisé orne l'extrémité des lettres*. Dans les vides alentour (voir Plein et vide), des rinceaux tourbillonnent et recréent le rythme infini de la nature.

Les lettres verticales du Koufi tressé se croisent en un ou plusieurs points, se nattent et donnent une force aux lignes. Ces enlacements, multipliés dans le mot, occupent l'espace* vide.

Parfois, le support a imposé la forme des lettres. Le marbre dur a poussé le calligraphe et l'artisan à inventer un Koufi épais, où le corps des lettres prend presque la totalité de l'espace. Le non-corps, le vide autour des lettres, est représenté par une seule mince ligne.

Koufi géométrique

Le Koufi* géométrique, ou Koufi carré, est dessiné et non calligraphié avec un calame*. Uniquement constitué de lignes droites qui ont la même épaisseur, il n'a pas de déliés (voir Plein et délié). Le plein noir ou coloré est égal au vide blanc (voir Plein et vide). Toutes les lettres* sont épurées et simplifiées à l'extrême.

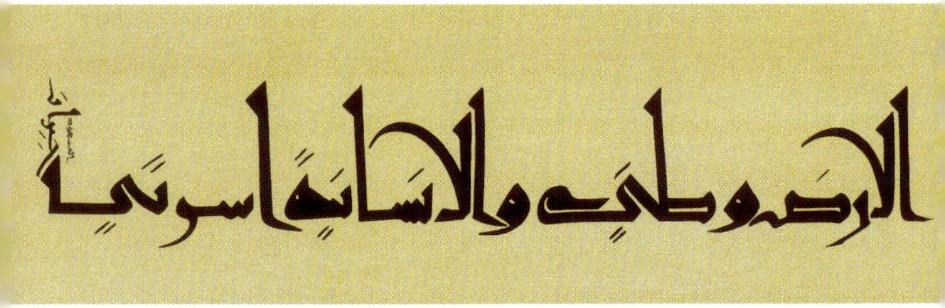

La terre est ma patrie, l'humanité ma famille, Gibran. Style Koufi.

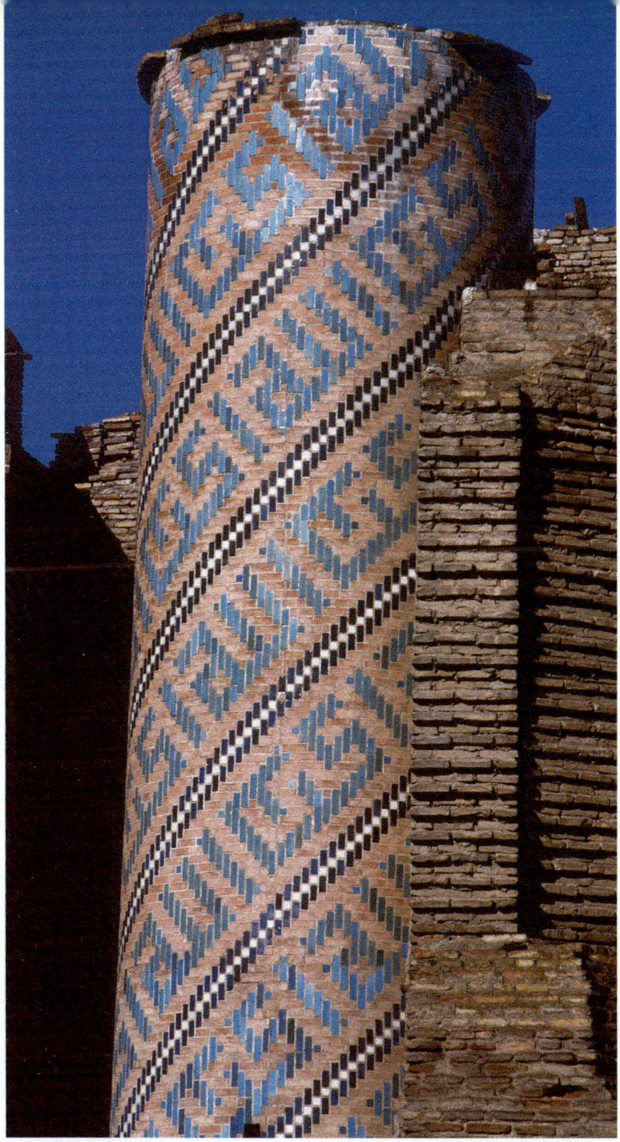

Les compositions* en Koufi géométrique se trouvent principalement sur les monuments ; elles sont réalisées soit en pierre, soit, plus généralement, en céramique ou en terre cuite. Parfois les mots sont en brique émaillée et colorée, sur un fond de briques naturelles.

La brique d'argile cuite est l'unité de base qui sert à former les lettres du Koufi géométrique. Elle lui donne sa rigoureuse sobriété et permet au mot de se simplifier et de se libérer des règles. La phrase ne s'étend plus sur une seule ligne horizontale. Dans un même plan, elle tourne à angle droit et s'enroule en spirale carrée, de l'extérieur vers l'intérieur, jusqu'au centre. Ou bien, le mot ou la phrase prend la forme d'un carré, d'une étoile ou d'une autre forme géométrique, tel un labyrinthe.

Le Koufi carré a permis à la calligraphie de s'adapter à toutes les surfaces. Il court en spirale le long des minarets ou recouvre entièrement les murs des monuments d'Irak, d'Iran ou d'Asie Centrale.

Koufi géométrique sur brique émaillée, XIVe-XVe siècles. Minaret du mausolée de Gour Emir, Samarkand, Ouzbékistan.

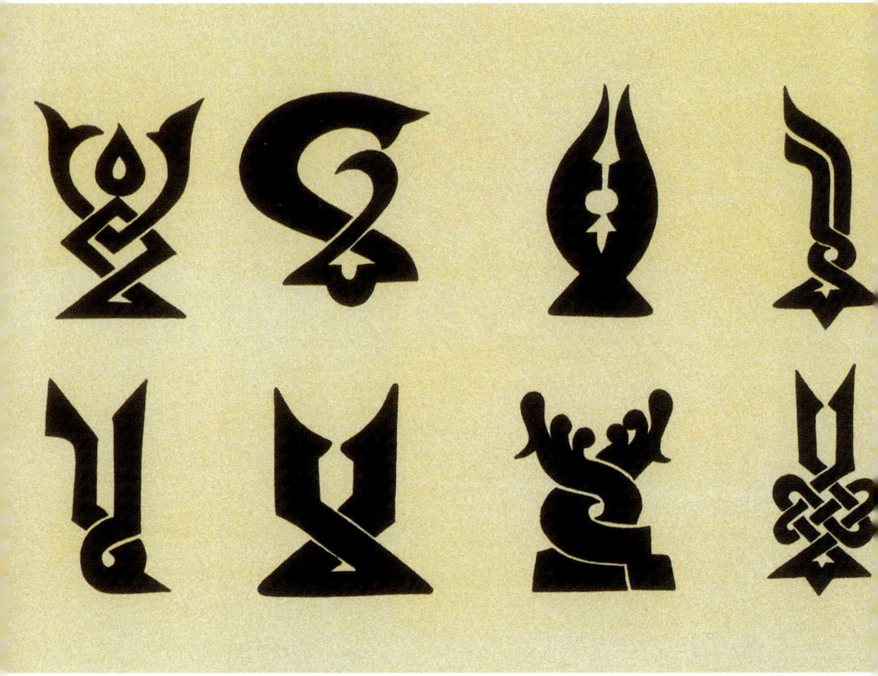

Relevé de différents lam-alif.

Lam-alif

Le lam-alif لا est un signe, composé des lettres* lam ل et alif* ا. Certains considèrent le lam-alif comme la vingt-neuvième lettre de l'alphabet arabe. Ces deux lettres sont fréquemment accolées l'une à l'autre. Elles sont le symbole de l'unité. De tout temps, le lam-alif a suscité une attention particulière de la part des calligraphes, qui ont excellé dans l'invention de son graphisme.

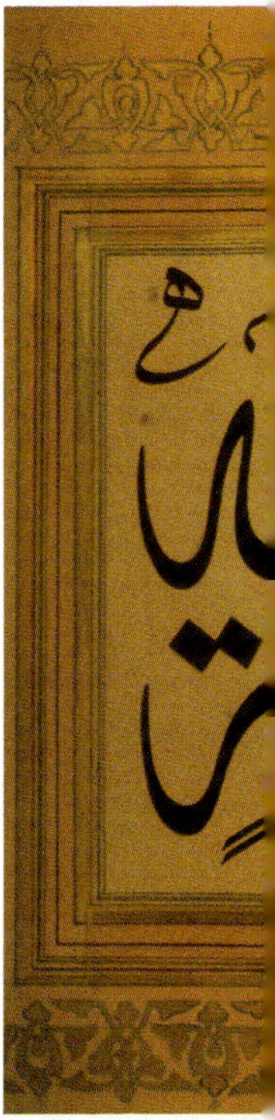

Calligraphie de Badawi en style Thoulth. Syrie, 1942.

Lorsque l'alif et le lam se tiennent en compagnie, chacun d'entre eux éprouve un penchant pour l'autre. Ce penchant est à la fois de la passion amoureuse et de l'intérêt.
Ne vois-tu pas le lam replier son jambage pour envelopper la hampe de l'alif, de peur qu'il ne lui échappe.
Relève ton alif de son sommeil et délie le nœud de ton lam.
Dans le nœud qui relie le lam à l'alif réside un secret indicible.

Ibn Arabi (1165-1240)

LENTEUR

Le calame* joue le rôle d'un régulateur dans l'écriture* calligraphique. Il marque un arrêt à chaque délié (voir Plein et délié). Le calligraphe profite de cet arrêt pour s'approvisionner en encre* mais aussi pour relâcher son souffle*, inspirer de nouveau et s'oxygéner le cerveau.
Le fait de tremper fréquemment son calame dans l'encrier* contraint le calligraphe à la lenteur. Il trouve ainsi le bon geste pour le trait suivant, ce qui est nécessaire dans la réalisation de calligraphies classiques. Avant de calligraphier un mot, il doit imaginer son tracé et anticiper le geste. Puis, d'un mouvement lent, il réalise ce geste jusqu'au délié, s'arrête, respire, va à l'encrier calmement et enfin trace le geste suivant, du délié au plein, et ainsi de suite. La calligraphie raconte le cheminement paisible du calligraphe en train de travailler et reflète son état d'âme. Calligraphier avec lenteur permet aussi au débutant de s'imprégner progressivement du code* et de la forme juste des lettres*.
Souvent les apprentis calligraphes actuels, habitués à la rapidité de la vie, ont du mal à supporter cette lenteur. Ils sont trop pressés et préfèrent pour cela utiliser les plumes* métalliques à réservoirs. D'autres, heureusement, savent encore prendre plaisir à la lenteur dans la réalisation d'un geste, et ressentir le calme et la sérénité d'un autre temps.
Ceci dit, en calligraphie* contemporaine, on peut se permettre une soudaineté du geste, mais à condition que la lenteur soit toujours présente à l'esprit, permettant de mieux maîtriser la rapidité. La lenteur est l'assurance de réels progrès et du contrôle de soi.

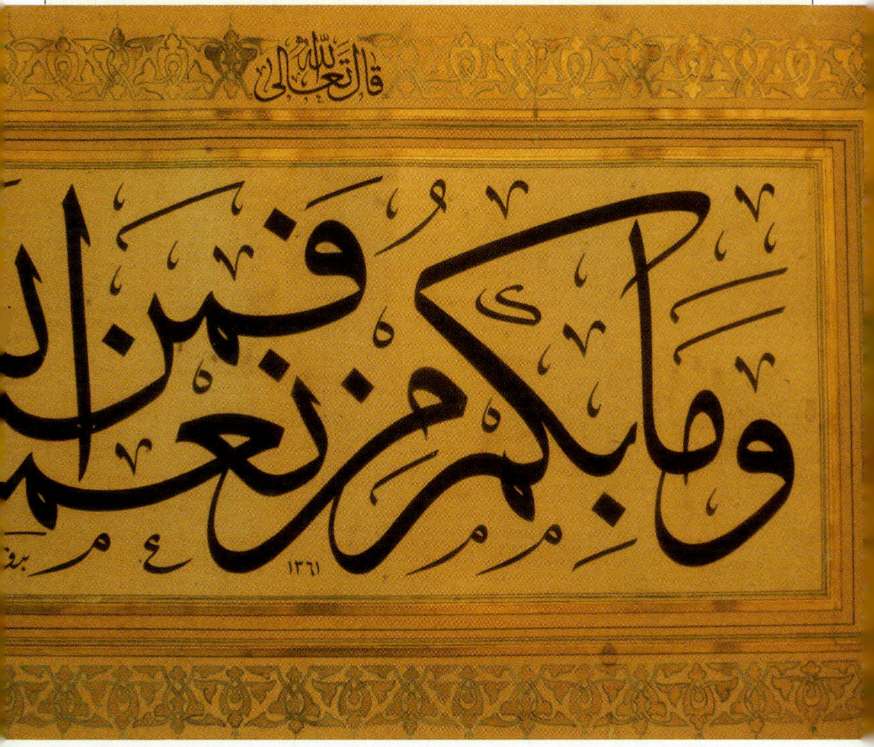

LETTRE

Sache qu'il y a à l'origine de toutes ces lettres et écritures deux traits sans plus. Toutes les lettres sont formées entre eux deux et à partir d'eux, jusqu'à leurs ultimes dérivations [...]. Ces deux traits sont le trait droit ou le diamètre du cercle et le trait courbe ou sa circonférence. La première des lettres est le trait droit, l'alif, et la seconde, le ba.*

Ikhwân Al Safa, Xe siècle

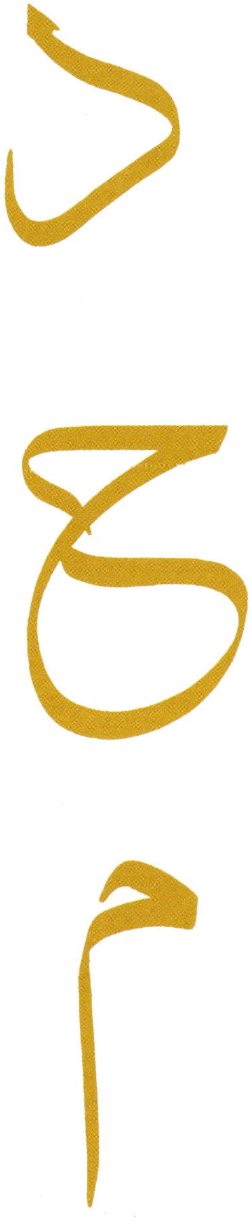

Chaque lettre a une morphologie, une hauteur et une largeur différentes selon le style* dans lequel elle est calligraphiée. Bien qu'elle soit tracée suivant le code*, elle doit être vivante et laisser transparaître une sensualité intérieure à peine perceptible.

Dans un mot, les lettres, à part quelques-unes, s'attachent l'une à l'autre. Certaines ne sont pas reliées linéairement entre elles mais se placent l'une en dessous de l'autre. Si plusieurs lettres d'un mot sont dans ce cas et se suivent, on obtient trois lettres étagées, comme dans le prénom Mohammed. Les lettres s'accrochent l'une à l'autre, de haut en bas, et sont en suspension. Si cela pose parfois des problèmes de lecture, par contre, c'est une possibilité supplémentaire offerte au calligraphe de jouer avec la structure des mots.

La plupart des lettres changent de forme suivant qu'elles sont initiales, médianes, finales ou isolées dans un mot; quelques-unes restent les mêmes et ont simplement une attache avec la lettre suivante ou la précédente. Les majuscules n'existent pas en écriture* arabe, et lorsque l'on regarde une page écrite, on ne visualise pas instantanément les débuts de phrases ou les noms propres.

Certaines lettres sont polyvalentes. Leur corps est semblable, elles se distinguent simplement par un ou plusieurs points* diacritiques.

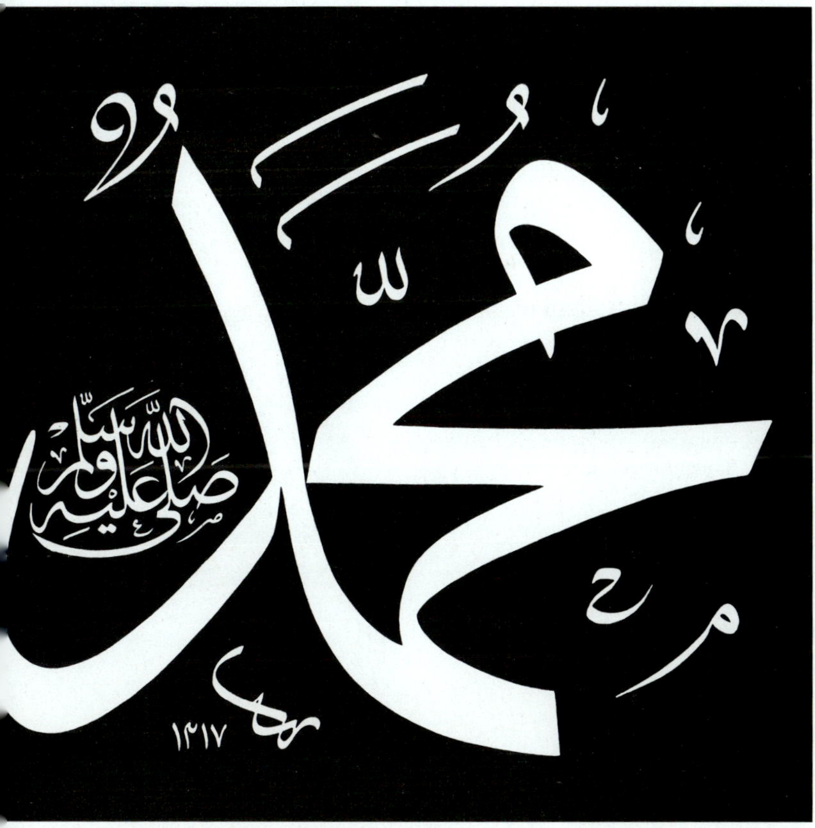

Mohammed, calligraphie de Rassa. Syrie, 1899.

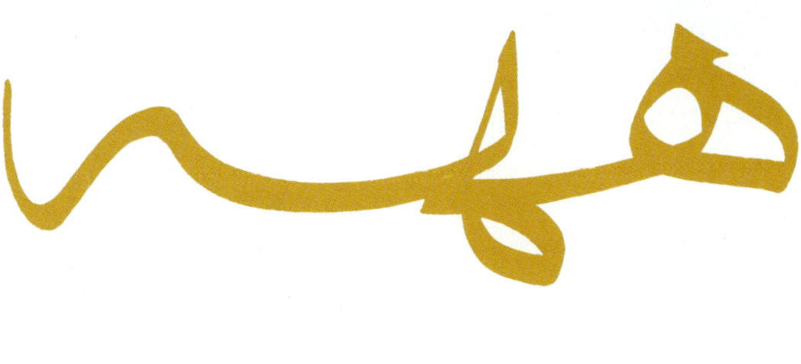

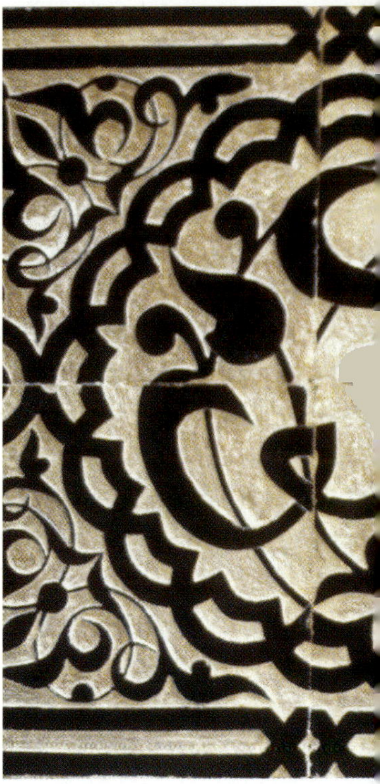

Lika

Alors Hassan Badreddine prit une feuille de papier, sortit l'écritoire de sa ceinture, tira de l'étui le meilleur calame qui était le mieux taillé et plongea le calame dans la lika imbibée d'encre à l'intérieur de l'écritoire.

Les Mille et Une Nuits

La lika est une sorte d'étoupe placée dans l'encrier*. Elle peut être constituée de fils de soie ou de laine, ou bien d'un simple morceau d'éponge naturelle. On la place dans le fond de l'encrier, afin que le calame*, dont le bec est fragile, ne s'abîme pas et se charge juste de l'encre* nécessaire. Elle minimise également les dégâts en cas de renversement de l'encrier.

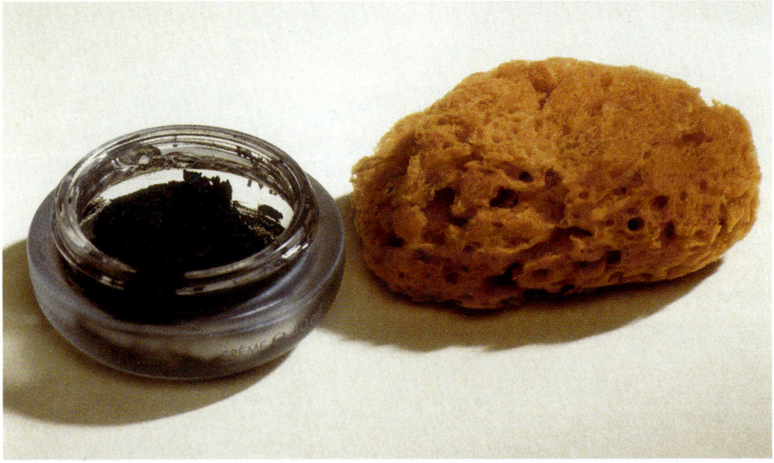

Encrier avec une lika en éponge.

Il faut changer la lika de temps en temps car, en vieillissant, elle peut prendre une mauvaise odeur. Parfois une moisissure blanche se dépose sur la lika que le calligraphe, dans les textes anciens, compare à ses propres cheveux envahis par le blanc de la vieillesse.

Madrasa

Une madrasa est une école de théologie qui forme les élèves à l'interprétation du Coran, à la jurisprudence, à la grammaire et à la langue arabe. Dans le passé, on y étudiait aussi la philosophie et l'astronomie et, jusqu'à aujourd'hui, dans certains pays

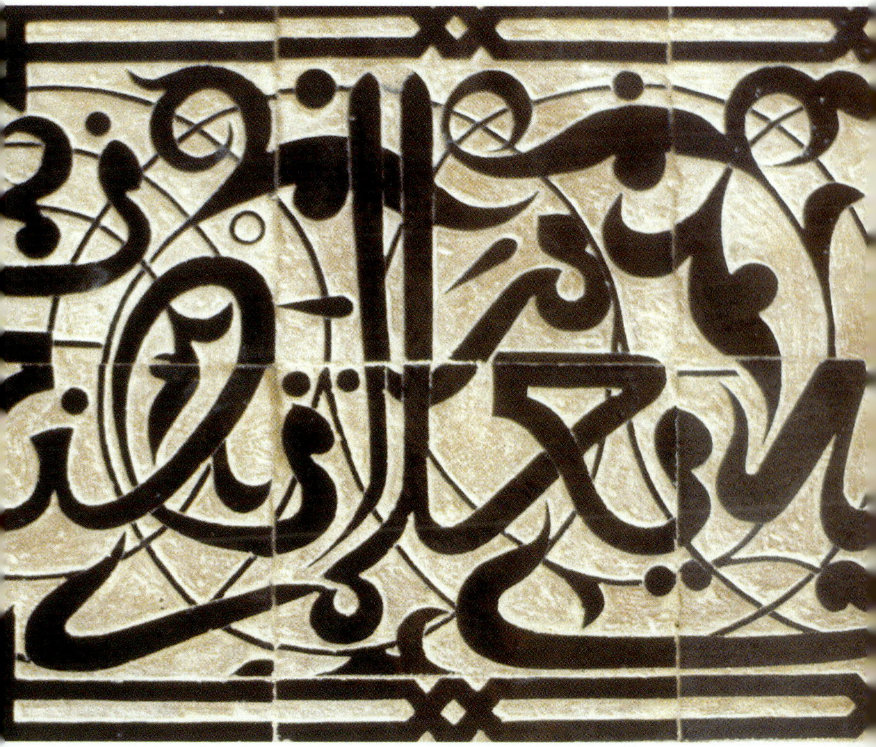

Calligraphie sur un mur de la madrasa Attarine, XIVe siècle. Fès, Maroc.

islamiques, on y apprend la calligraphie. Il existe des salles réservées à la copie des textes au calame*. La madrasa est fréquentée par les savants et les poètes, c'est un lieu d'érudition.
Les murs de la madrasa sont eux-mêmes souvent couverts de calligraphies transcrivant des paroles sacrées ou de sagesse. Des dizaines de cellules occupées par les élèves entourent la cour intérieure où règne le silence, si l'on excepte le chuchotement de la fontaine centrale. C'est un espace de recueillement et de méditation, propice, entre autres, à l'étude de la calligraphie. La madrasa comprend également une bibliothèque*.

Maghrebi

Le Maghrebi est le style* de calligraphie propre aux pays du Maghreb. Il s'est répandu en Afrique du Nord, en Mauritanie et jusqu'au Sénégal, ainsi qu'en Andalousie dans le passé (du VIIIe au XVe siècle). Le style varie légèrement d'un pays et même d'une ville à l'autre, mais est caractérisé par une coupe* spéciale du bec du calame*. Cette coupe n'est pas effectuée selon

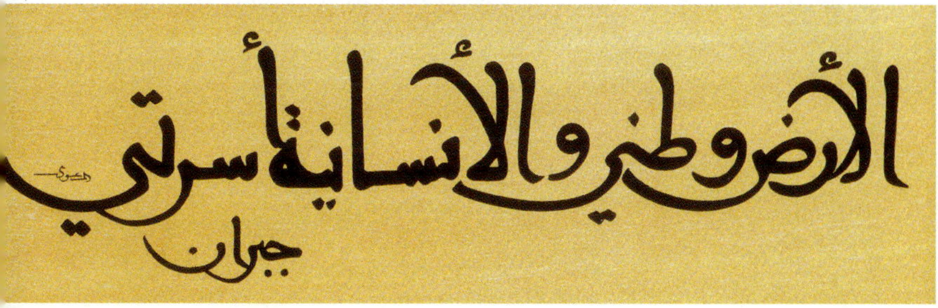

La terre est ma patrie, l'humanité ma famille, Gibran. Calligraphie en style Maghrebi.

une règle précise : c'est par pression et relâchement du bec coupé en pointe arrondie que l'on obtient le plein* et le délié.
Le Maghrebi est un Koufi* cursif. Certaines lettres* finales sont allongées en grandes courbes encerclant les suivantes ou rejoignant celles de la ligne inférieure. Quelques lettres s'écrivent différemment de celles de l'Orient musulman.
Le style Maghrebi est beaucoup plus libre que les styles orientaux. La calligraphie est plus sobre et spontanée. La mise en page du texte dans un manuscrit* est relative à la sensibilité du calligraphe, au contraire de la rigueur qu'impose le code* oriental.
Les calligraphes maghrébins n'ont pas toujours écrit uniquement en Maghrebi. Ils ont aussi utilisé les styles orientaux, surtout en Algérie et en Tunisie, pays qui sont restés pendant quelques siècles sous la tutelle de l'Empire ottoman.

Maître et disciple

L'art de la calligraphie se cache dans
l'enseignement du maître,
son essence se trouve dans la répétition.

Imam Ali, VIIe siècle

La transmission du savoir en calligraphie arabe se fait toujours de maître à disciple. Dans la société ancienne et jusqu'au début du XXe siècle, l'enfant qui veut étudier la calligraphie est envoyé chez un maître. Celui-ci a le droit de choisir ses élèves et de refuser celui qui ne lui semble pas apte à cet art.
Le maître peut avoir jusqu'à une dizaine d'élèves. Parmi eux, il choisit celui qui sera son disciple, le meilleur bien sûr.

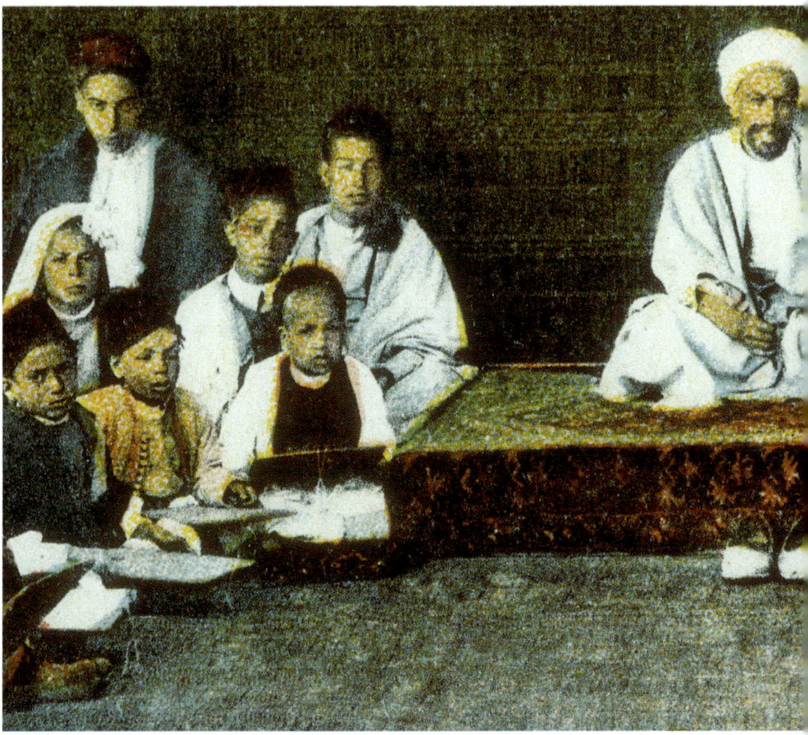

L'apprentissage dure des années. Les premiers temps, l'élève a seulement le droit de regarder. Plus tard, on lui donne un calame* et il calligraphie les premières lettres* du Thoulth*. C'est le style* le plus difficile et qui demande, pour bien l'assimiler, de connaître par cœur le tracé de ses lettres et de toutes leurs variantes. Cela nécessite plusieurs années d'exercices*. Ensuite l'élève étudie les autres styles, six ou plus, avec leurs points-mesure*. Outre la calligraphie, l'élève apprend à choisir ses calames, à les tailler et à fabriquer de l'encre*. Certains maîtres enseignent également l'art de l'enluminure*. L'apprenti calligraphe doit enfin maîtriser correctement la langue arabe, la grammaire, la poésie.

De temps en temps, le maître divulgue l'un de ses secrets à son disciple. Une relation de respect mutuel et une adhésion à des valeurs communes unissent le maître, son disciple et les autres élèves.

Lorsque le maître juge son disciple enfin digne de son enseignement, il appose sa signature au bas de la calligraphie de son disciple en y ajoutant éventuellement une phrase d'éloge. C'est ce que l'on nomme le Ijaza ou certificat. Il aurait été créé par Abdrahman Ibn Al Saigh au Caire au XVe siècle. Ce certificat est la reconnaissance sociale du disciple. À dater du jour où il le reçoit, il est autorisé à signer ses propres calligraphies, à recevoir des commandes et à enseigner à son tour. Il perpétue ainsi la chaîne ininterrompue des calligraphes. Un disciple ajoute même parfois, par respect, le nom de son maître sous sa propre signature.

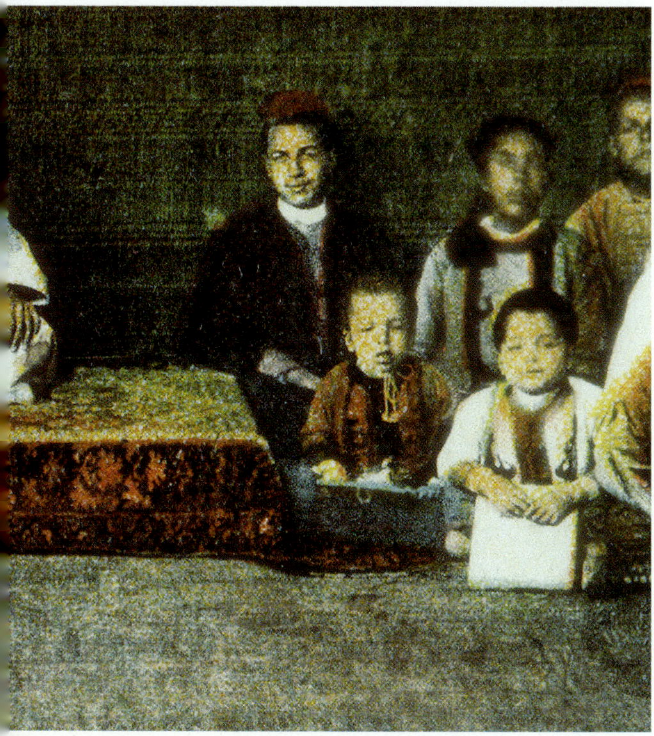

Un maître et ses élèves, fin du XIXe siècle.

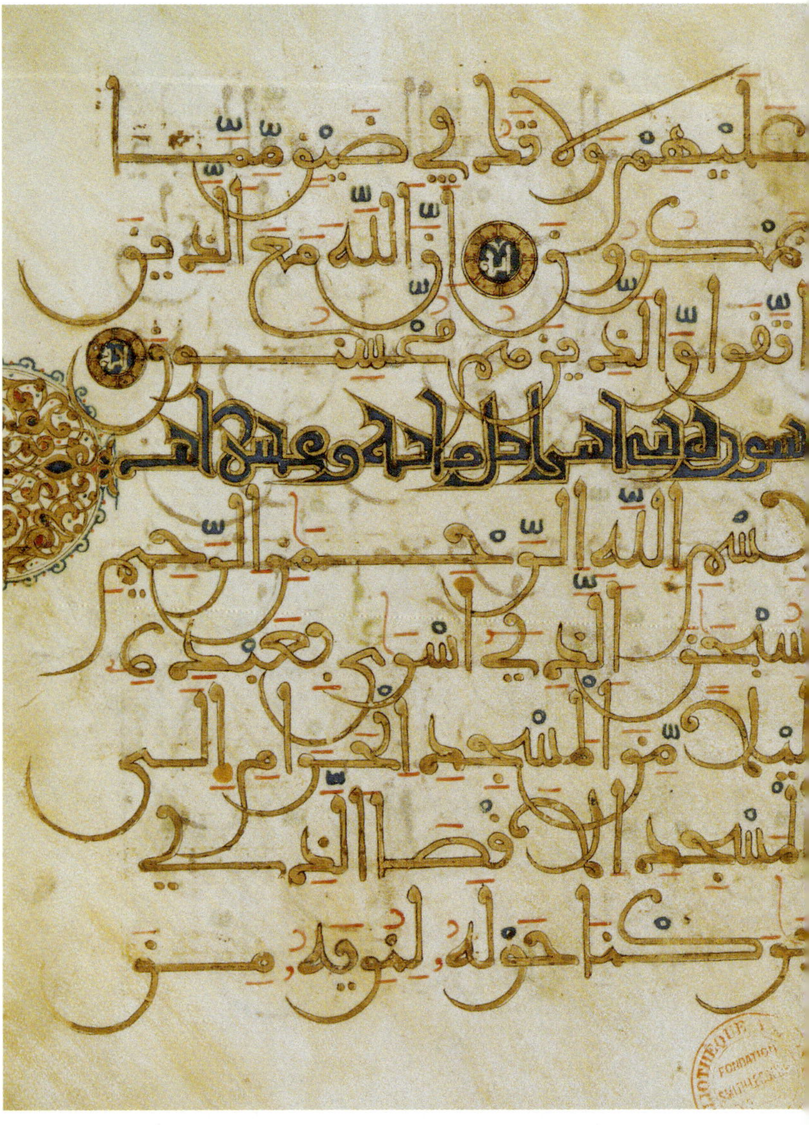

Page d'un Coran en style Maghrebi sur parchemin, XIIIe-XIVe siècles. Paris, Bibliothèque nationale de France.

Manuscrit

Les manuscrits sont des livres écrits à la main par un calligraphe. D'aucuns, parmi les plus beaux, ont été commandés par des sultans, des princes ou de riches mécènes pour enrichir leur bibliothèque*.
Les manuscrits les plus remarquables sont des corans à l'écriture* épurée. Le calligraphe écrit le texte, puis appose, avec un calame* plus petit, les signes* de vocalisation. Ensuite, à l'aide d'encres* colorées, il marque les pauses ou autres indications pour une récitation correcte. Il relit attentivement afin d'éviter toute erreur et donne ses feuillets à l'enlumineur. Celui-ci rehausse d'enluminures* les deux pages initiales et finales, ainsi que les titres des sourates. Les livres traitant de sujets profanes sont illustrés de miniatures (voir Image).
Les manuscrits ont pour support* le parchemin ou le papier*.

Ils sont calligraphiés par de grands maîtres* comme Ibn* Al Bawwab, Yacout* Al Moustassemi ou Ahmed Qarahissari*, ou bien par des calligraphes dont l'histoire n'a malheureusement pas retenu le nom. Parfois, lorsqu'un lettré lisait un manuscrit, il en faisait une copie et pouvait même y ajouter des commentaires dans la marge, ce que l'on trouve fréquemment dans les manuscrits arabes.

La fabrication d'un livre manuscrit nécessite la collaboration de toute une équipe : le fabricant de parchemin ou de papier, le calligraphe, l'enlumineur, le miniaturiste et le relieur.

L'étude de ces manuscrits nous permet d'approfondir nos connaissances sur la forme des lettres*, le traitement de l'espace*, la mise en page, l'analyse des couleurs*, des encres noires et des papiers. Quelques manuscrits sont intéressants sur un autre plan : ce sont des traités de calligraphie concis et précis, d'une grande importance pour les calligraphes d'aujourd'hui.

Miroir

Le miroir est une composition* spécifique où la calligraphie est représentée en double et inversée, en deux parties symétriques, comme vues dans un miroir. De telles compositions expriment des idées mystiques. Elles ont souvent été réalisées par des calligraphes adeptes du soufisme. Les soufis sont des mystiques musulmans.

Le grand principe soufi est d'aller de l'extérieur qui est ténèbres, vers l'intérieur qui est lumière. Les calligraphies en miroir sont l'illustration du soufisme. Celui-ci énonce que l'homme est né opaque et que, par un travail sur lui-même, il commence à briller jusqu'au jour où il devient pur comme la surface du miroir. Il peut alors refléter la divinité.

Je suis celui que j'aime et celui que j'aime est moi
Nous sommes deux âmes en un corps
Me voir c'est le voir et le voir c'est nous voir.

Mansour Al Hallaj (857-922)

Lui en miroir.

Mosaïque

La mosaïque est un assemblage de petits cubes de couleur*. Elle est largement utilisée dans les édifices byzantins. Ceux-ci ont influencé les premiers monuments de l'islam, tels que le Dôme du Rocher à Jérusalem ou la mosquée* de Cordoue en Espagne. On y voit apparaître les premières calligraphies sur monument, réalisées en mosaïque.
Pour la réalisation du décor du mihrab de la mosquée de Cordoue, le calife musulman de l'époque use de ses relations diplomatiques. Il demande à l'empereur de Byzance de lui envoyer une cargaison de petits cubes colorés ainsi qu'un maître artisan. Celui-ci est chargé d'enseigner la technique de la mosaïque aux artisans andalous et de travailler avec eux. Le résultat est une œuvre d'une grande finesse.
Les calligraphies se sont adaptées au support* carré et à l'aspect linéaire des bandeaux. Malgré la rigueur de la mosaïque, les couleurs, l'or et la lumière allègent la matière dure et donnent une apparence de mouvement à des lignes stables.
Peu à peu la mosaïque a été abandonnée au profit de la céramique* ou du zellige*.

Mosquée Ulu, Bursa, Turquie.

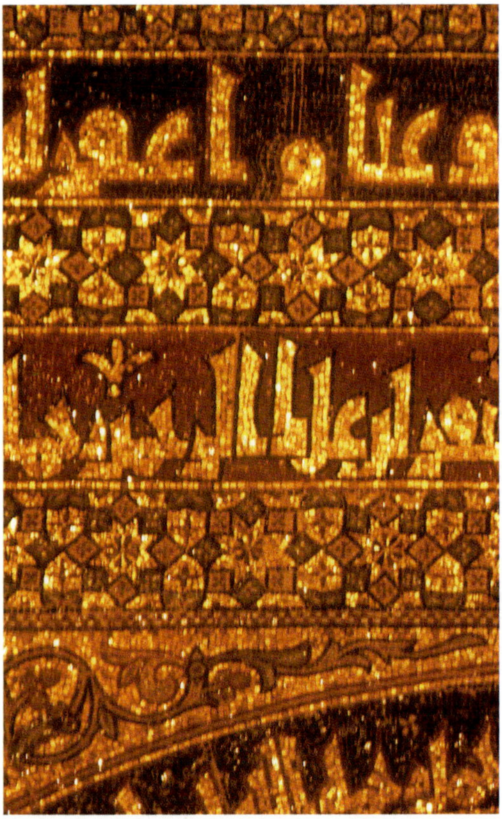

Calligraphie de style Koufi sur mosaïque, Xe siècle. Mihrab de la Grande Mosquée, Cordoue, Espagne.

Mosquée

La mosquée est un lieu de recueillement et de prière. Elle comporte un minaret, du haut duquel le muezzin appelle les fidèles à la prière, et un mihrab, niche indiquant la direction de la Kaaba*, vers laquelle le croyant doit s'orienter pour prier.
La mosquée est aussi un lieu de rencontre dans le quartier ou dans la ville. Certaines mosquées jouent un rôle similaire à celui d'un centre culturel.
La mosquée d'Orient est décorée de céramiques* couvertes de calligraphies, sur ses murs, son dôme, son minaret et son mihrab, telles les mosquées de Turquie, d'Irak, d'Iran ou d'Asie Centrale. L'édifice tout entier devient un grand livre ouvert.
La mosquée du Maghreb est généralement plus sobre.
En dehors des heures de prière, la mosquée sert de salle d'études et des calligraphes y donnent leurs cours. Les élèves, assis en tailleur et en demi-cercle, font face au maître*, leur tablette sur les genoux.

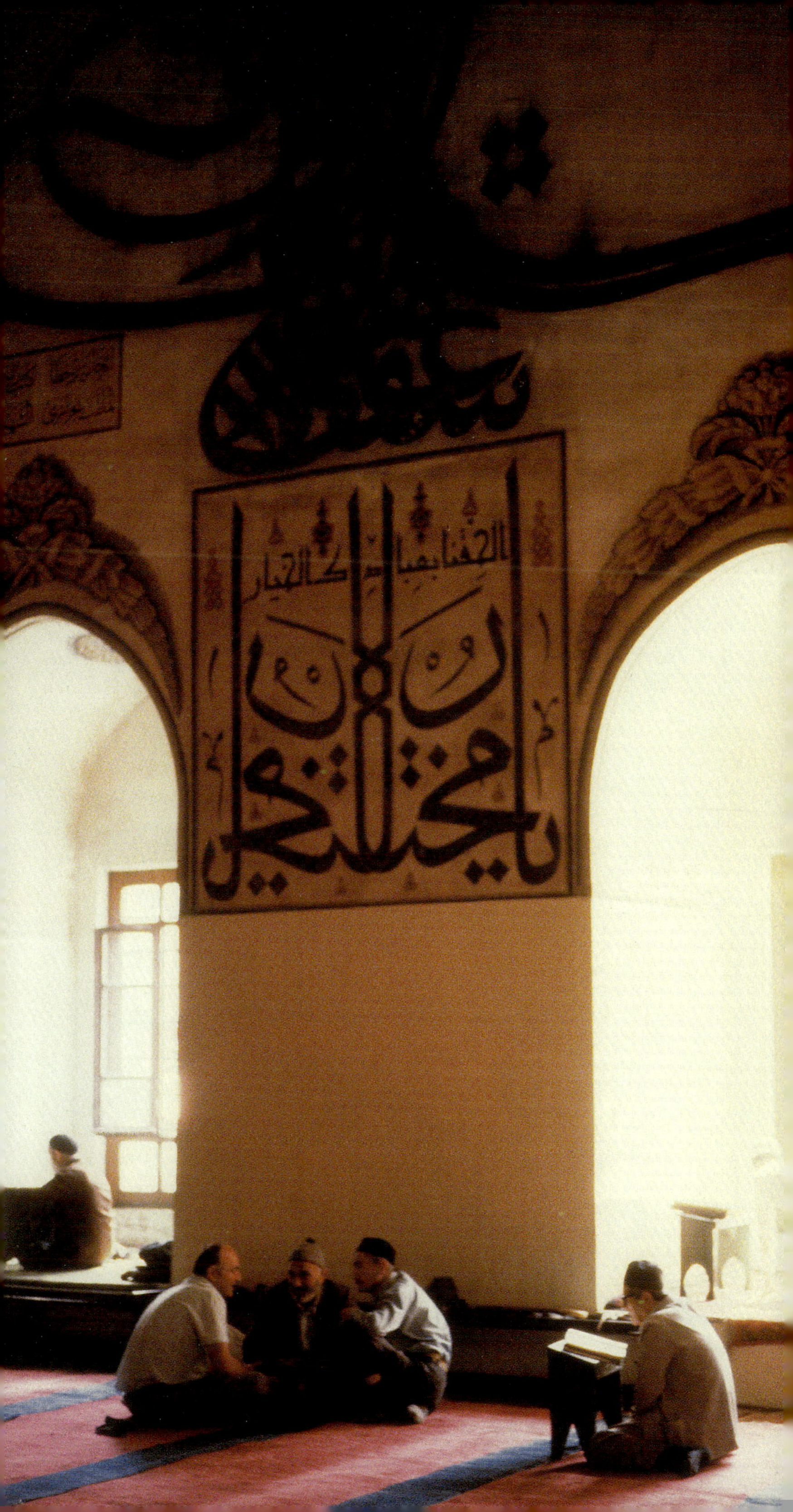

Neskh

Le mot arabe *neskh* veut dire « copier ». Le style* Neskh est le style des copistes. C'est une écriture* cursive fine, simple et régulière, lisible par la majorité des lecteurs, contrairement aux autres styles qui demandent une initiation.
Ce style trouve ses origines dans les premières écritures arabes, aux côtés du Koufi*. Au Xe siècle, Ibn* Moqla l'améliore, le codifie, lui confère plus de noblesse et lui donne le nom de Neskh. Les corans seront désormais calligraphiés dans ce style et non plus en Koufi. Ses formes actuelles viennent du XVIe siècle ; quelques améliorations ont néanmoins été apportées par les générations de calligraphes qui se sont succédé jusqu'au XIXe siècle. Les plus belles pages en Neskh que nous possédons sont celles calligraphiées par Hafez* Othman.
Le Neskh est adopté au XIXe siècle pour l'imprimerie. La plupart des journaux et des livres sont imprimés dans ce style, qui est aussi utilisé pour l'apprentissage de la lecture et de l'écriture dans les écoles.

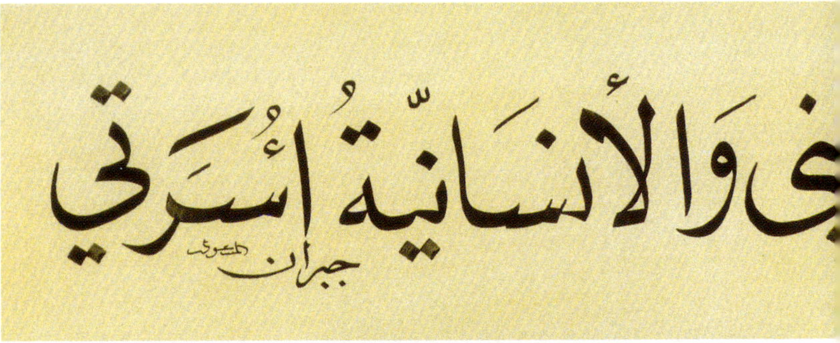

La terre est ma patrie, l'humanité ma famille, Gibran. Calligraphie en style Neskh.

Noir de fumée

Le noir de fumée entre dans la composition de l'encre* noire. Celui que les Arabes utilisent est un carbone résultant de la combustion d'huile, de bois, de poils de chèvre, de noyaux de dattes, d'orge, de pois chiches, de bougie à la cire d'abeille ou d'autres éléments encore. Le noir est différent suivant le matériau brûlé. Pour le récupérer, on place un récipient de porcelaine, renversé, au-dessus de la flamme : une poudre noire impalpable s'y dépose, c'est le

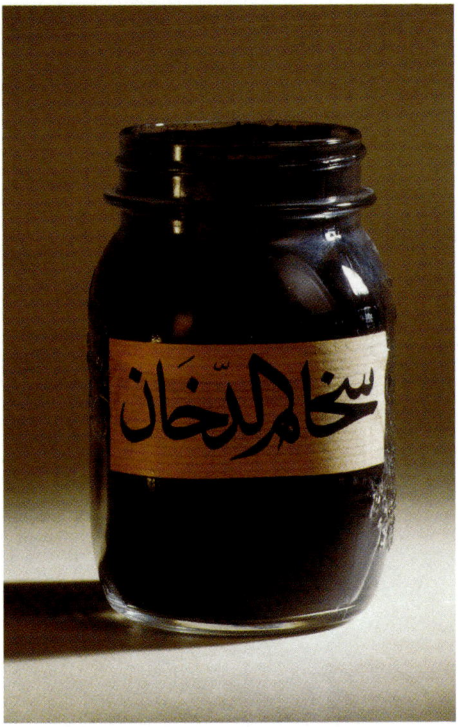

Noir de fumée.

noir de fumée. Jadis, dans les grandes villes, des artisans étaient spécialisés dans la fabrication des encres et possédaient des appareils particuliers pour prélever le noir de fumée.
Un noir de fumée de bonne qualité doit être légèrement gras et extrêmement fin. Plus il est fin, plus l'encre est fluide, permettant au calligraphe d'écrire plus aisément les très petits caractères.

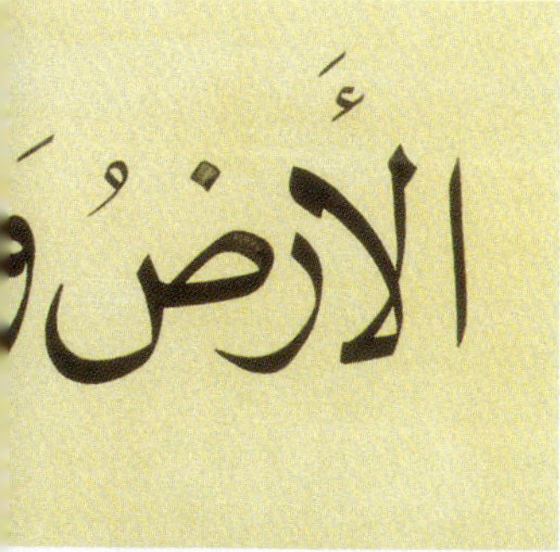

Une encre bien noire, à l'aspect velouté, est recherchée par le calligraphe car elle augmente le contraste sur le papier* blanc.

Noix de galle

La noix de galle est une excroissance due à la piqûre d'un insecte. On la trouve sous les feuilles de chêne. Elle est riche en tanin contenant de l'acide gallique. Ce dernier, mélangé au sulfate de fer, donne un complexe coloré foncé qui est à la base des encres* métallogalliques. La noix de galle est ainsi un ingrédient utilisé dans de nombreuses recettes d'encre, soit en décoction, soit grillée puis pulvérisée.
Le texte le plus ancien que nous possédons mentionnant la noix de galle se trouve dans le traité d'Ibn* Moqla, au chapitre consacré aux encres.

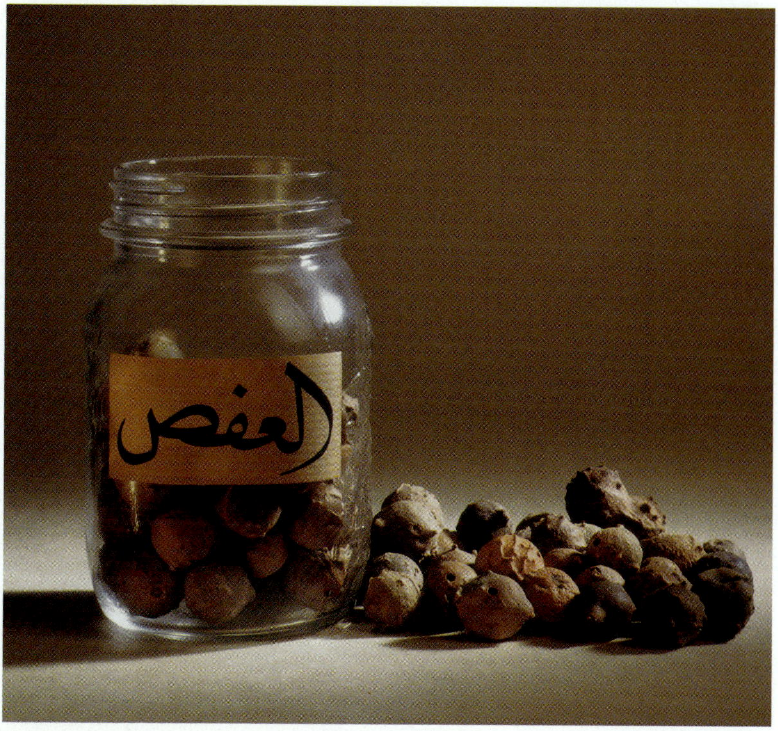

Noix de galle.

ORNEMENT

Les ornements végétaux ou géométriques sont intimement mêlés à la calligraphie dans les décors arabo-musulmans. Ils ont été influencés par la culture de chaque pays islamisé, tous les éléments décoratifs d'inspirations chinoise, méditerranéenne ou africaine ayant été assimilés pour former une unité dans l'art islamique.

Le motif végétal est un réseau de fleurs et de feuilles stylisées, assemblées en volutes et spirales. Il représente un jardin imaginaire symbolisant le paradis. La calligraphie est souvent surimposée sur ce décor d'entrelacs.

Au Moyen Âge, les recherches de grands mathématiciens et astrologues arabes influencent l'art. Les artistes ont recours aux formes abstraites de la géométrie, cachant une symbolique mystique et cosmique, pour amener un monde céleste sur un monument terrestre. Les ornements géométriques ont pour base le triangle, le carré ou l'étoile. Ils sont la représentation stylisée de la voûte céleste. Les motifs sont extrêmement variés et d'aspect complexe. Par le jeu des couleurs* vives et des formes, ils semblent parfois prendre du relief ou se mouvoir.

Les polygones s'emboîtent les uns dans les autres, suggérant l'infini. De même, la tige végétale avance, s'enroule, se divise, repart en sens inverse, sans fin.

De tels décors entrent dans la composition des enluminures* de manuscrits*. Ils peuvent aussi être sculptés dans le bois, le marbre ou le stuc et ajourés, mais également réalisés en céramique* multicolore. Au Maghreb et en Andalousie, ils couvrent les murs intérieurs des palais, mosquées, mausolées et madrasas*. C'est l'art du zellige*. Le mur de zellige est souvent surmonté d'une frise calligraphiée sur un fond d'arabesques et de palmettes. En Turquie, les intérieurs des édifices se parent, avec grand raffinement, d'ornements plus généralement floraux. Dans l'Orient musulman, les décors géométriques et végétaux, en carreaux de céramique, évoquant les étoiles de la voûte céleste et les jardins du paradis, revêtent l'intérieur comme l'extérieur des bâtiments.

D'un bout à l'autre de la terre d'Islam et sur un même monument, la végétation, la géométrie et la calligraphie se conjuguent harmonieusement.

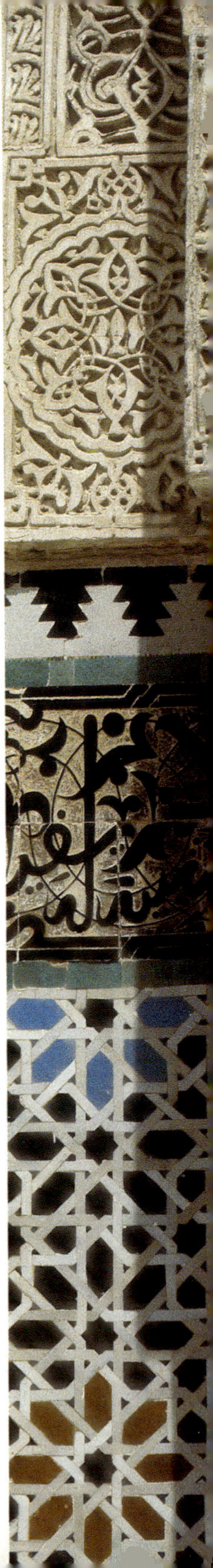

Zellige surmonté de calligraphies, XIVe siècle.
Madrasa Bou Inania, Fès, Maroc.

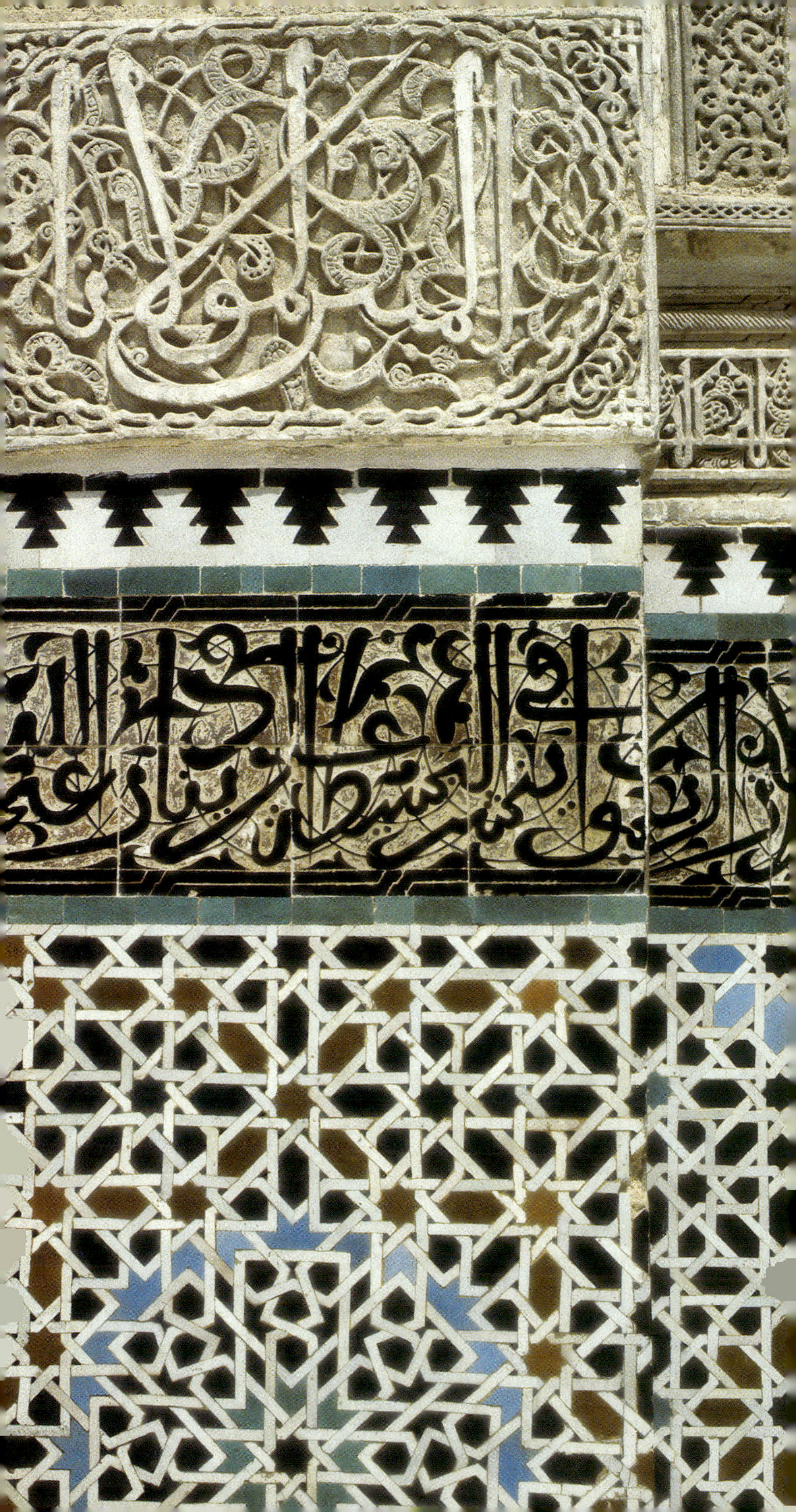

Koufi tressé, XIIIe siècle. Palais de l'Alhambra, Grenade, Espagne.

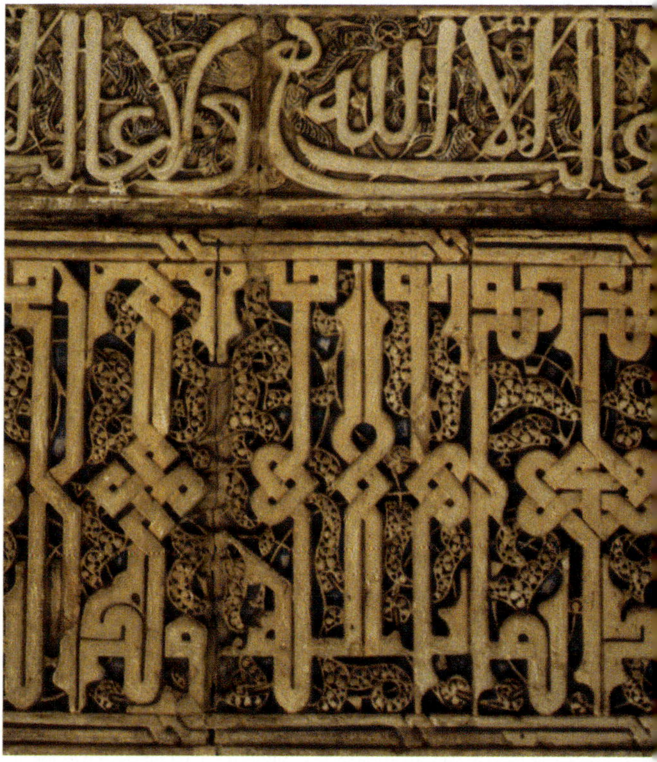

Palais de l'Alhambra

Le palais de l'Alhambra à Grenade en Espagne est l'un des rares palais civils nous restant de la civilisation arabo-islamique. C'était la résidence des souverains arabes qui ont régné sur l'Andalousie jusqu'en 1492.

Murs, plafonds, coupoles, arcades, colonnes, chapiteaux, tous ces éléments portent de somptueux décors en stuc dentelé, terre émaillée et bois sculpté. Les ornements* végétaux et géométriques ainsi que la calligraphie sont présents partout. Cette dernière rend hommage aux rois ou transcrit des poèmes comme celui d'Ibn Zoumourouk (XIVe siècle) dans la salle des Deux Sœurs :

« La voie lactée lui tend la main pour la serrer,
Et la lune céleste s'approche pour réclamer son tour. »

Les calligraphies sont de deux styles* : le Koufi* tressé et fleuri, mince et aux hampes hautes et élégantes, et un style cursif spécifiquement andalou, de la famille du Maghrebi*. Les compositions* sont symétriques, d'autres en cartouche ou en cercle, toutes gravées ou sculptées et ajourées dans le stuc – une poudre de marbre et de plâtre agglomérée grâce à une colle. Murs et plafonds changent d'aspect au gré des variations de lumière de la journée. Ils semblent eux-mêmes traversés par la lumière. Les calligraphies, mêlées aux ornements floraux, se font dentelle et courent en frise dans le haut des panneaux muraux aux décors géométriques de zelliges*, appelés *azulejos* en espagnol.

Calligraphie de Hachem en style Thoulth. Irak, 1964.

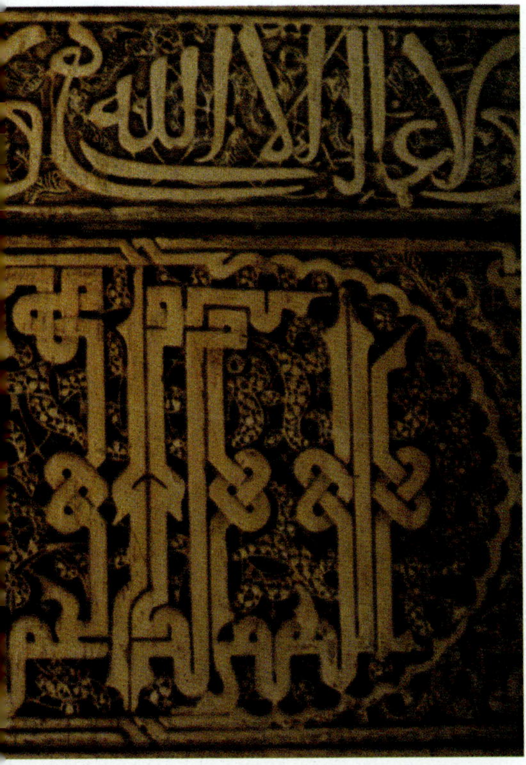

Le secret de fabrication du papier est transmis aux Arabes par des Chinois, à Samarkand au VIIIe siècle. L'usage s'en répand surtout aux XIe et XIIe siècles, et s'étend jusqu'en Andalousie, d'où il passera plus tard en Europe.

Le papier arabe des premiers temps est fabriqué à partir de coton, de soie ou de chanvre. Il doit être lisse et légèrement absorbant pour les calligraphies classiques. Avant utilisation, il est souvent teinté et traité. Il existe diverses méthodes pour traiter le papier, à l'amidon de riz ou à l'alun*, par exemple. Le papier est ensuite poli, jusqu'à ce qu'il devienne brillant, avec une pierre d'agate ou de jade ou encore une dent de chameau. Ces traitements sont effectués par le calligraphe ou par un artisan spécialisé.

Le moindre coût du papier par rapport au parchemin

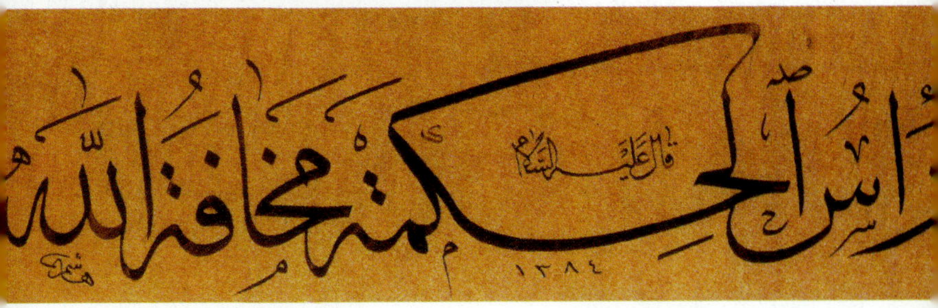

utilisé auparavant encourage le calligraphe à produire davantage. L'administration adopte très vite le papier, plus difficilement falsifiable que le parchemin qui, lui, pouvait être effacé. Avec le papier se développent tous les métiers du livre – le copiste, le calligraphe, le miniaturiste, le relieur –, qui s'épanouissent de l'époque abbasside au XXe siècle.

Papier

Un quart de l'art d'écrire réside dans la noirceur de l'encre,
et un quart dans l'adresse du scribe ;
un quart dans la régularité de la taille du calame,
et c'est de la qualité du papier que vient la quatrième condition.

Al Qalqashandi, XVe siècle

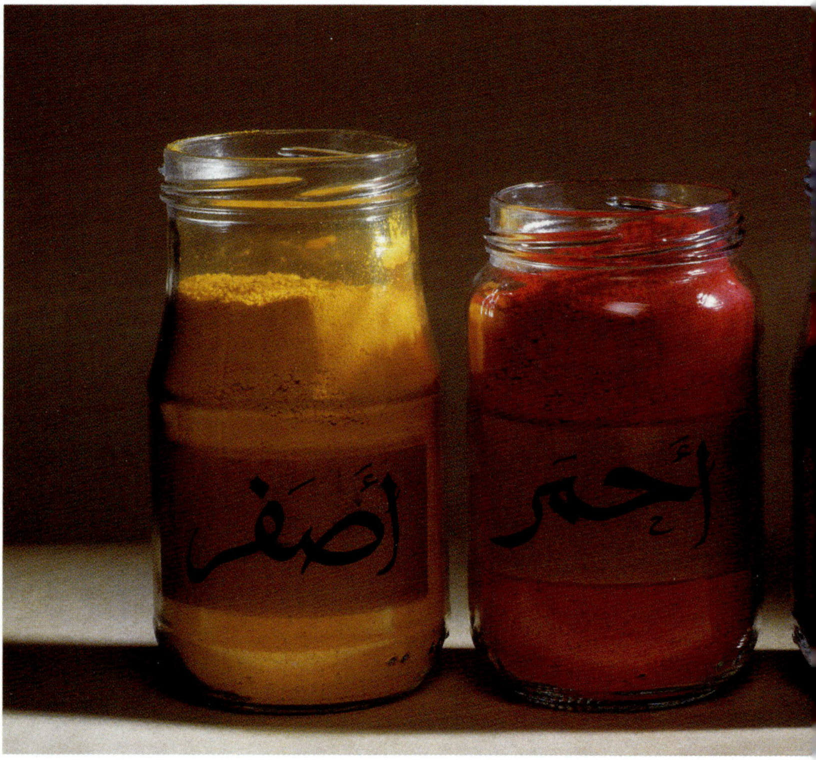

Pigments de différentes couleurs.

Pigment

Les pigments sont l'un des constituants de l'encre*. Ils lui donnent sa couleur*. La majorité des pigments noirs sont à base de noir* de fumée. Quant aux autres pigments, ils sont très variés et d'origines diverses. Le jaune de l'orpiment, qui est un sulfure d'arsenic, est souvent employé en remplacement de l'or, pour son moindre prix. Les ocres sont extraites de la terre, elles existent en abondance. Par contre, les pigments bleus sont beaucoup plus rares. Dans le passé, on utilisait l'azurite et surtout le lapis-lazuli qui provenait de mines situées en Afghanistan. Son prix était égal à celui de l'or. Il servait à orner les deux premières pages du Coran et les titres des sourates. La feuille d'or et la poudre d'or sont aussi largement employées dans les manuscrits*.
Les pigments d'origine végétale ont également été utilisés, mais ils sont sensibles à la lumière et

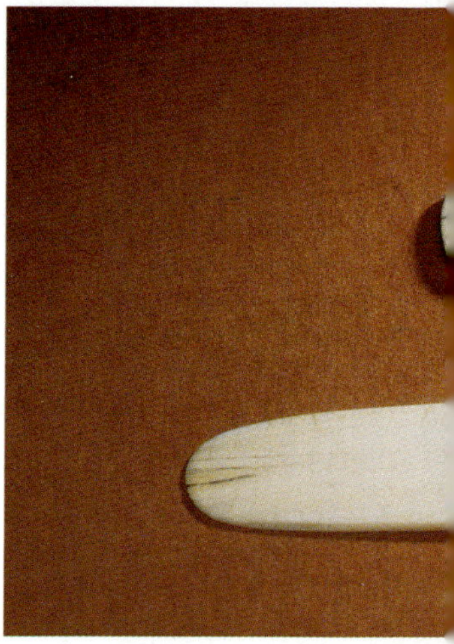

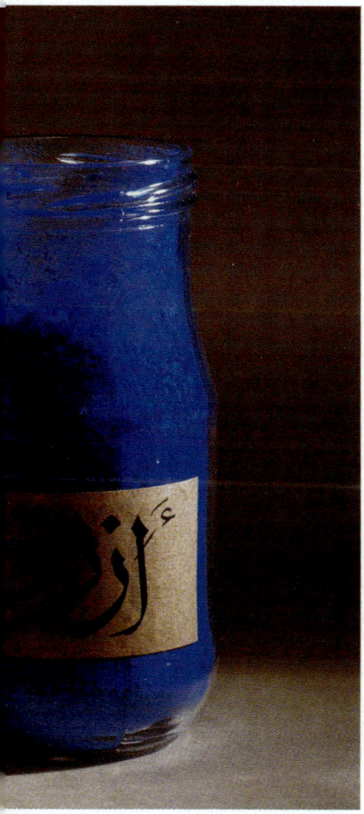

perdent leurs contrastes avec le temps. De plus, pour une petite calligraphie, il faut cueillir des centaines de fleurs et en extraire la couleur de façon très complexe.

Les pigments d'origine animale, tels que la cochenille pour faire du rouge, sont plus rarement employés.

Plusieurs traités anciens sur les couleurs nous sont devenus hermétiques. Soit nous ne savons plus ce que désigne le nom de la matière, soit la matière est aujourd'hui considérée comme nocive et n'est donc plus utilisable par les calligraphes. Nombre de pigments anciens sont de nos jours remplacés par des produits de synthèse.

Plaquette de coupe

La plaquette de coupe, appelée *miqatta* en arabe, est une petite plaque d'ivoire qui sert de support au calame* lors de la coupe* du bec. Elle peut également être en nacre, en os ou en bois. Elle doit être d'une matière qui n'abîme pas le canif*.

Une sorte d'encoche est sculptée au milieu de la plaquette afin de maintenir le calame en équilibre au moment de la fente et de la coupe du bec.

Autrefois, les grands calligraphes et les hautes personnalités avaient des *miqatta* décorées, ajourées ou gravées.

Plaquettes de coupe en ivoire.

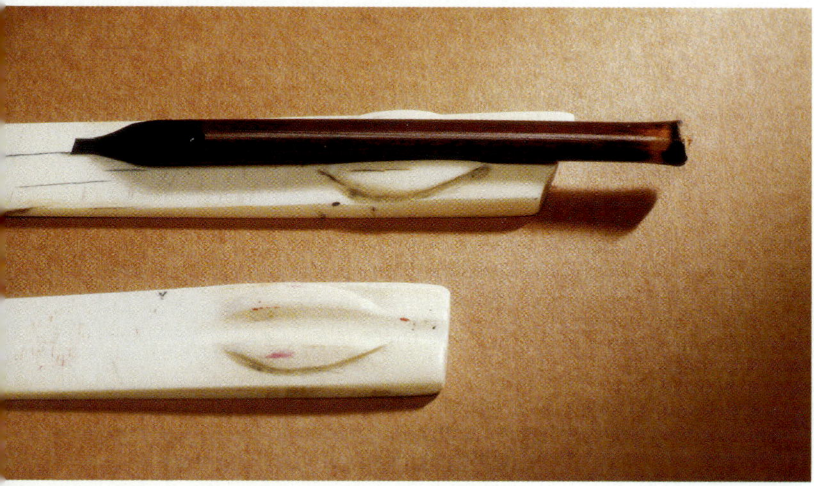

PLEIN ET DÉLIÉ

Sur une ligne calligraphiée, se succèdent des parties épaisses et d'autres minces qui forment un rythme, ce sont les pleins et les déliés. Par rapport à la première écriture* faite avec un doigt sur le sable, le plein et le délié représentent une évolution.

Ils découlent de la coupe* du bec du calame* et de l'angle d'inclinaison de ce dernier sur le papier*. Pour chaque style*, la coupe du bec ainsi que l'orientation du calame sont différentes. Les pleins sont donc plus ou moins larges.

À différentes périodes de l'histoire depuis l'antiquité égyptienne, les scribes ont réalisé leurs calligraphies en orientant leur calame ou autre instrument à écrire, sur le papyrus ou parchemin, à plus ou moins quarante-cinq degrés. Ce degré d'orientation est relatif à la ligne de base de la feuille. Les trois doigts qui maintiennent le calame le font avancer, reculer, monter, descendre ou pivoter. On obtient alors le plein et le délié. Ainsi chaque lettre* possède une ou plusieurs parties représentant la force d'une part, la fragilité de l'autre. Cette dualité est l'essence même de la calligraphie. Écrire avec application à l'aide d'un stylo à bille, ce n'est pas de la calligraphie, c'est simplement de l'écriture.

Les pleins et déliés de la plupart des variantes du style Maghrebi* sont obtenus par simple pression ou relâchement du bec en pointe arrondie sur le papier.

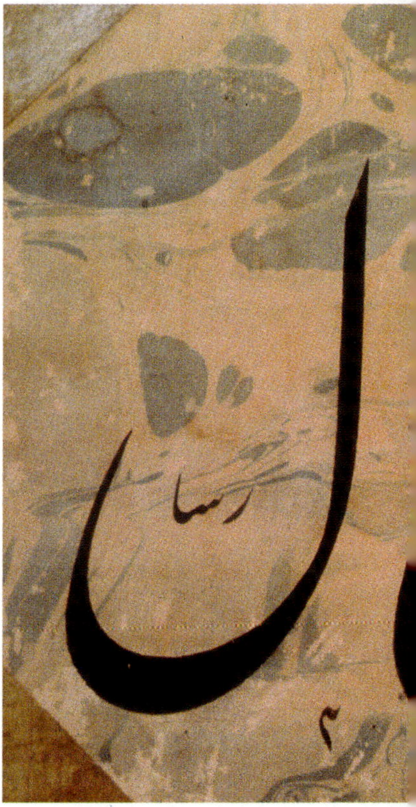

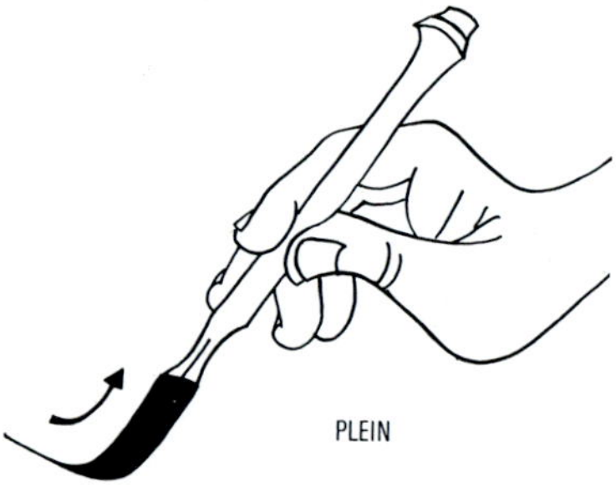

PLEIN

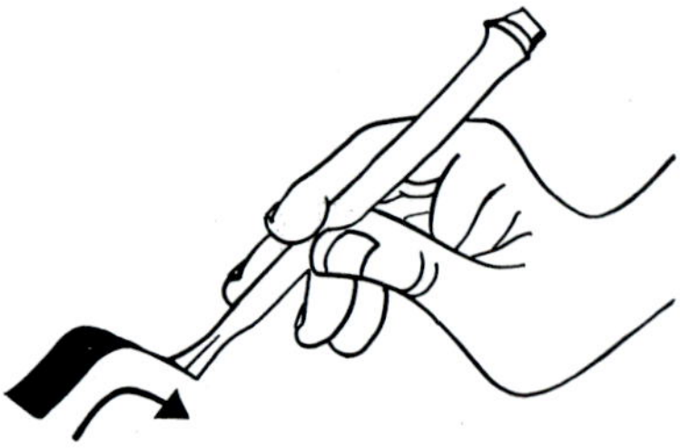

DÉLIÉ

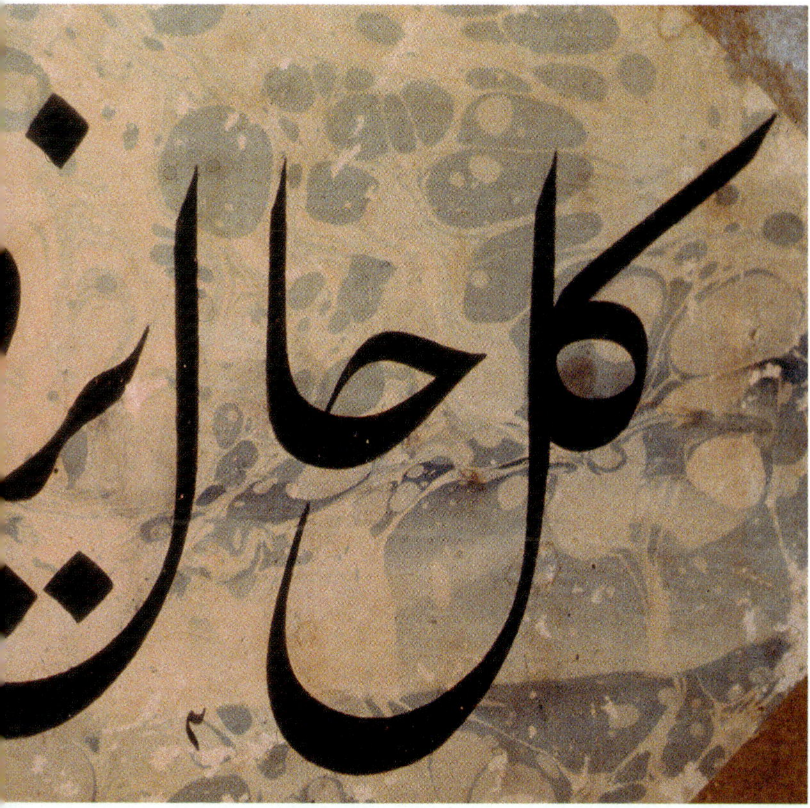

Tout passe. Calligraphie de Rassa en style Taliq, 1914, Syrie.

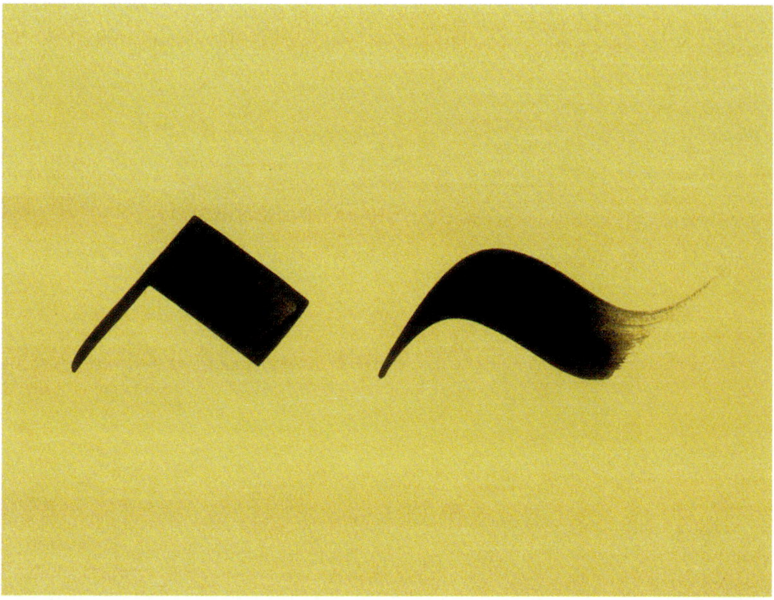

PLEIN ET VIDE

Le corps de la lettre* est étudié, codifié et mesuré. L'apprenti calligraphe, par l'exercice* quotidien, finit par assimiler toutes ces connaissances. Mais le non-corps, c'est-à-dire tout ce qui entoure la lettre, n'a pas de règle rationnelle. Pourtant il doit, lui aussi, être bien proportionné.

En calligraphie arabe, les lettres sont modifiées sans cesse afin d'équilibrer les mots. Ainsi, chaque mot, chaque phrase sont étudiés en particulier. Si les lettres sont des choses concrètes, connues par leurs mesures, par contre, le vide alentour reste abstrait, non défini et laissé à l'appréciation de chaque calligraphe. La beauté de la lettre découle néanmoins de la maîtrise de ces vides. Le calligraphe peut avoir recours aux signes* de vocalisation pour combler ceux qui ne sont pas désirés. Si les blancs autour des lettres sont harmonieux, les lettres peuvent avoir toute leur plénitude. En calligraphie, tout comme en architecture ou en poterie, l'utilité et l'esthétique résident aussi dans le vide.

Le vide peut d'ailleurs devenir lui-même calligraphie, comme dans certaines compositions* en Koufi* géométrique, où le vide est strictement similaire au plein.

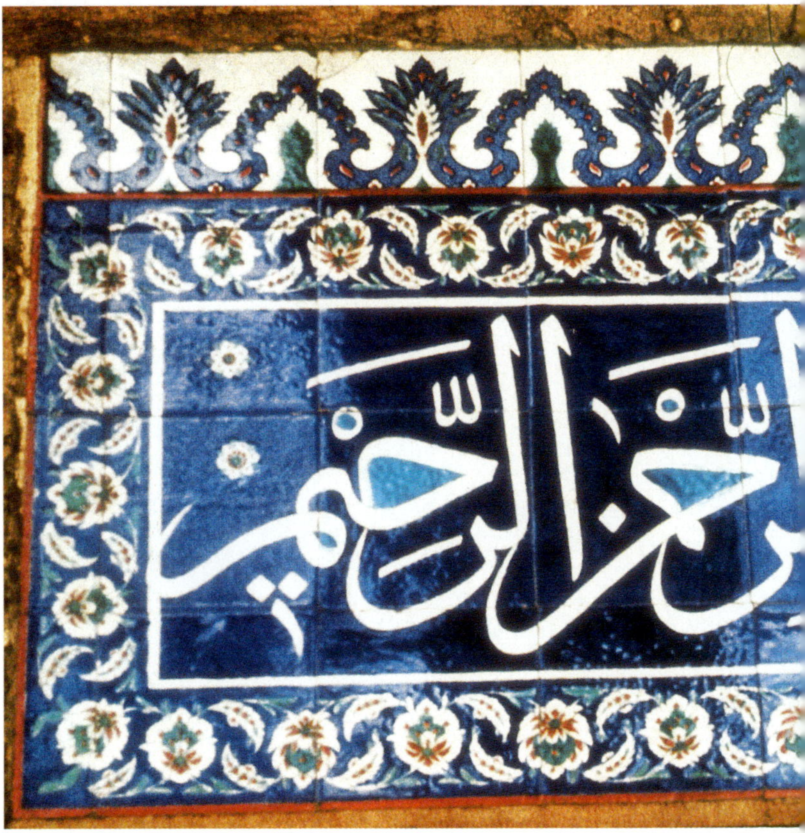

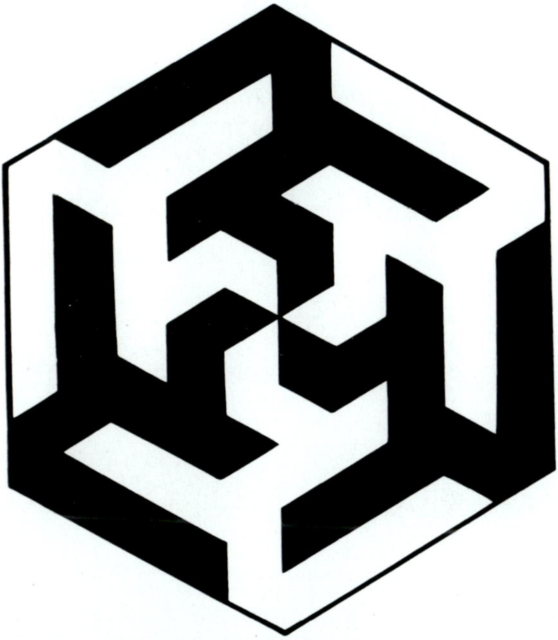

Ali, en style Koufi géométrique, trois fois en noir et trois fois en blanc. Relevé de la Grande Mosquée de Yasd, Iran.

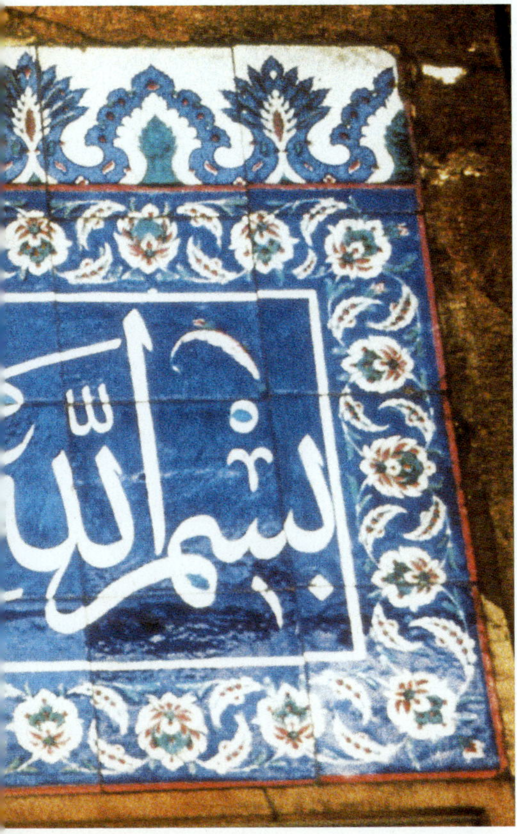

Calligraphie en style Thoulth, XVIe siècle. Istanbul, Turquie.

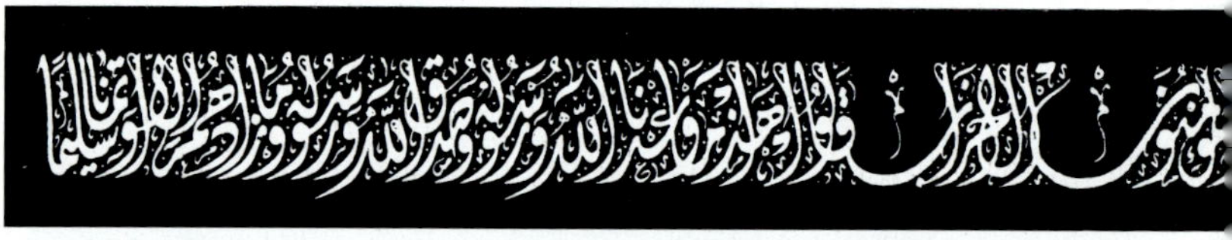

Calligraphie de Hachem en style Jeli Diwani, 1961.

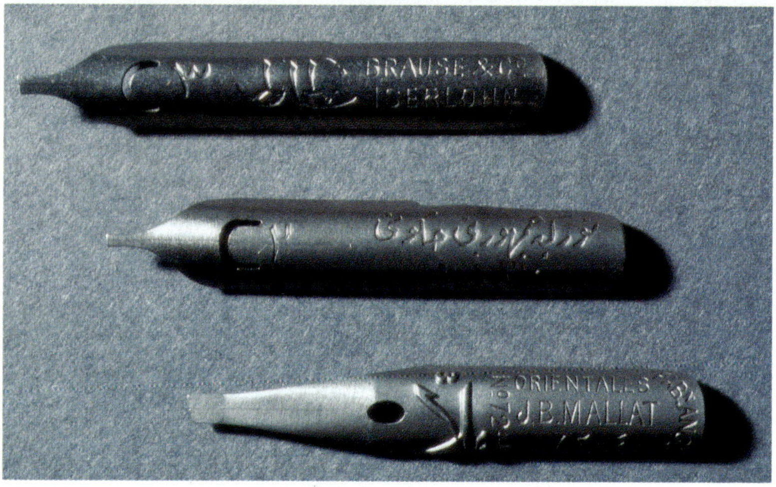

Plumes métalliques.

Plume métallique

Pour écrire très finement, le calligraphe utilise un petit calame*. Plus il est fin, plus il s'use rapidement et plus il est difficile de le retailler et d'obtenir une coupe* du bec similaire à la précédente, malgré la mesure précise au moyen de poils d'âne.

Puis au XIXe siècle, l'industrie européenne commence à fabriquer des plumes métalliques spéciales pour la calligraphie arabe. Utilisées dans tous les pays sous tutelle de l'Empire ottoman, afin d'écrire les textes les plus fins, elles se déforment peu et ne s'usent que très lentement.

Ces plumes sont faites d'un alliage de métaux qui les rend très résistantes tout en étant souples. Elles sont numérotées de un demi à quatre. Le calligraphe les affûte sur une pierre à aiguiser très fine afin d'obtenir, comme pour le calame, un angle de coupe adapté à sa main et au style* de calligraphie qu'il réalise.

Point

La science des lettres réside dans le lam-alif;
celle de l'alif dans le point,
celle du point dans la connaissance originelle.

Mansour Al Hallaj (857-922)

En calligraphie arabe, le point est la trace laissée sur le papier* par le bec du calame*. La longueur du point doit être égale à sa largeur.

Il se présente sous la forme d'un petit carré posé en équilibre sur un angle. Ce n'est pas une forme géométrique parfaite : comme la calligraphie, il est tout en nuances. Pour lui donner vie, le calligraphe le courbe très légèrement ; il le trace carré tout en le pensant rond. Le point sert de point-mesure*, de point* diacritique et d'ornement.

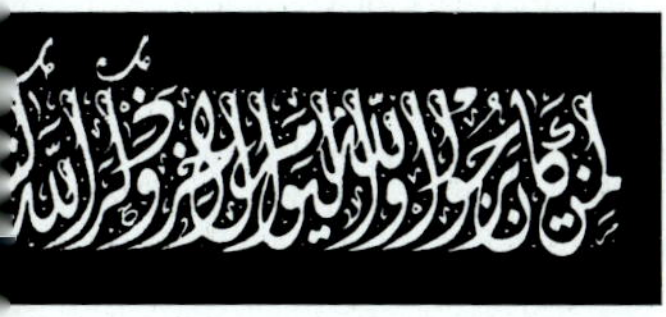

Le point en tant qu'ornement est utilisé dans le style Jeli* Diwani, où il a un simple rôle décoratif.

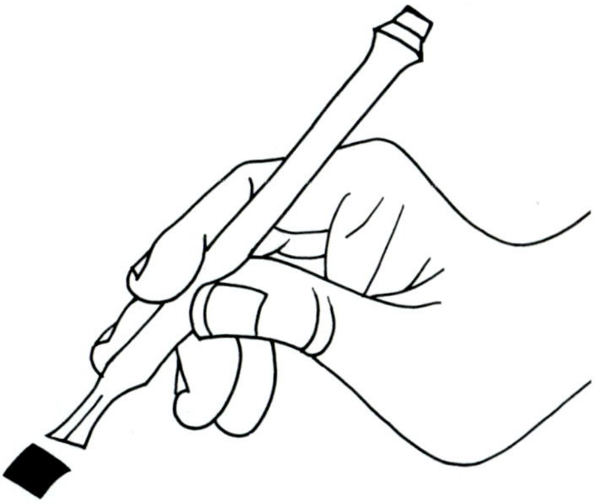

Point diacritique

Quelques lettres*, dans l'écriture* arabe, ont des corps semblables. Dans les premiers temps, elles n'étaient pas distinctes. C'était au lecteur, au vu du contexte, de faire la différence. Cela pouvait générer de graves confusions dans la compréhension d'un texte, comme ce fut le cas pour l'ordre d'installation du nouveau *wali* (préfet) d'Égypte par le calife Othman (644-656). La lecture en a été mal interprétée et le pauvre *wali* y perdit la vie au lieu d'obtenir son poste.

Au VIIe siècle, deux grammairiens, Nasr Ibn Asim et Yahya Ibn Yamour, élaborent une réforme qui introduit des signes diacritiques. Au début, ceux-ci sont représentés par des petits traits placés au-dessus ou en dessous des lettres, puis ils sont remplacés par des points*. Ainsi chaque lettre avec son ou ses points appropriés correspond à une seule prononciation. Le signe ٮ peut être lu B, N, T, TH ou Y, s'il est dépourvu de point. Aujourd'hui encore, si le point est mal placé, il peut y avoir confusion.

Un point calligraphié.

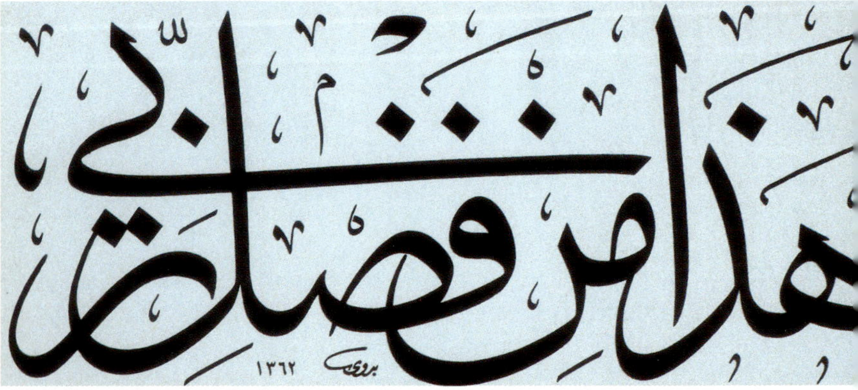

Calligraphie de Badawi en style Thoulth. Syrie, 1943.

Le point a une forme un peu différente suivant les styles* de calligraphie. Il est même un demi-carré en Roqa* et un rond en Koufi*.

Point-mesure

C'est un point* utilisé comme unité de mesure. Le nombre de points indique un rapport de hauteur, de largeur et de courbure pour chaque lettre*. La taille du point est relative à la largeur du bec du calame*. C'est avec un même calame que l'on trace une lettre et ses points-mesure.

D'un style* de calligraphie à l'autre, les proportions d'une même lettre changent. Quelques calligraphes utilisent un point rond à la place du point carré de manière à ne pas les confondre avec les points* diacritiques. D'autres tracent un petit point rond pour figurer un demi point-mesure. Toutes ces mesures par points ou demi-points sont en fait encore plus complexes.

Le point-mesure accompagne le calligraphe tout au long de sa vie. Au cours de sa période d'apprentissage, il l'utilise pour les exercices*. Il mémorise toutes les mesures de toutes les lettres dans tous les styles, mais ne les fait pas apparaître de manière visible dans ses calligraphies. Quand sa pratique est plus affirmée, tracer les lettres avec leurs points-mesure est un moyen de mise en route et d'échauffement de sa main. Cela lui permet aussi de se concentrer avant de commencer à calligraphier.

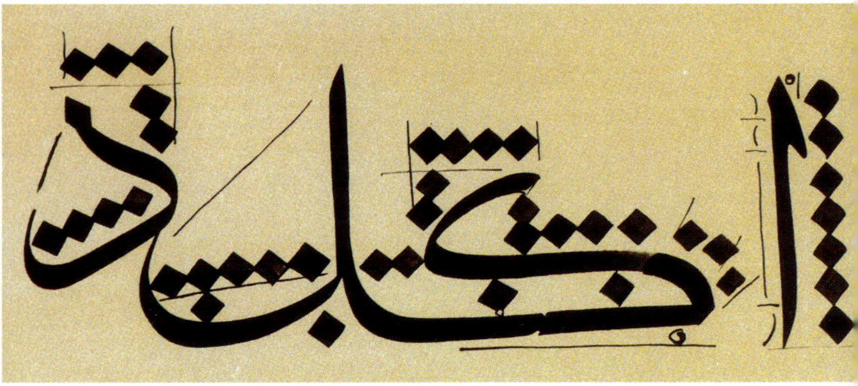

Lettres avec leurs points-mesure.

POSITION DU CALLIGRAPHE

À l'origine, le calligraphe écrit assis à même le sol avec un genou relevé, sur lequel il pose une tablette ou un sous-main qui maintient son papier*. Cette façon de calligraphier perdure de nos jours dans certains pays sahariens.
Avec le développement du travail du calligraphe et à cause des nombreuses copies de manuscrits* qu'il doit réaliser, on crée le pupitre. C'est une sorte de table basse devant laquelle le calligraphe est assis par terre. Sur le pupitre, il maîtrise mieux la qualité de sa calligraphie.

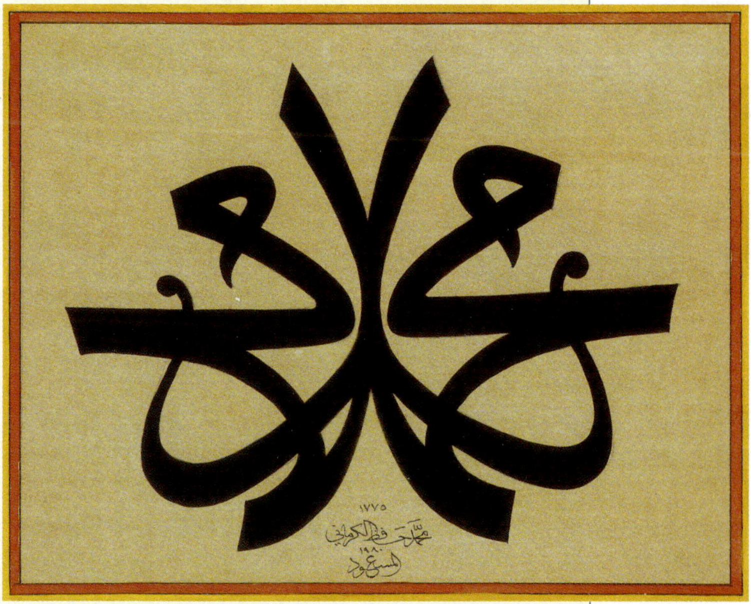

Mohammed en miroir, d'après Al Karmani, 1775.

Le dos du calligraphe doit être légèrement penché en avant, tout en restant droit. La tête doit être équilibrée sur la colonne vertébrale. Trois doigts, pouce, index et majeur, sont allongés sur le calame* pour le tenir. Le bras qui calligraphie doit avoir toute sa liberté de mouvement.
Depuis le XIXe siècle, la plupart des calligraphes ont adopté la chaise et la table haute.

Qalab

Le calligraphe souhaite, bien sûr, tracer des lettres* parfaites. Quand il construit une composition* complexe, cela devient très difficile. Il n'a pas droit à l'erreur. Afin que chacune de ses lettres soit à l'emplacement exact dans la composition, telle qu'il l'a imaginée, il réalise d'abord un croquis de sa calligraphie sur une feuille et y apporte les corrections nécessaires.
Lorsqu'il est satisfait de l'agencement de ses mots, il prend une peau de gazelle très fine ou, plus tard, un papier calque,

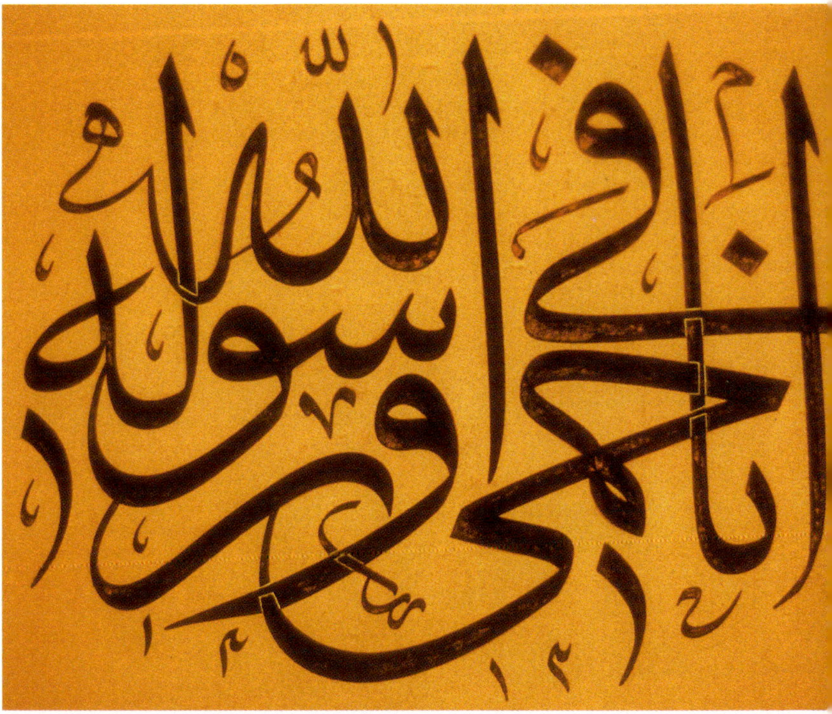

Calligraphie de Rassa en style Thoulth. Syrie, 1895.

Calligraphie de Qarahissari.

qu'il pose sur son croquis. Avec une aiguille fine, il perce de petits trous le contour de toutes les lettres de sa calligraphie. Il obtient ainsi un qalab (ou poncif). Ensuite, avec une pochette d'étoffe fine emplie de charbon de bois pilé, il tamponne le qalab posé sur un beau papier*. Lorsqu'il retire délicatement le qalab, sur son papier apparaît la reproduction du contour en pointillé de sa composition. Enfin, avec un calame*, il calligraphie en suivant la trace laissée par la poudre de charbon. Sa calligraphie donne une impression d'aisance, de perfection et de complexité tout à la fois. Un qalab peut être réutilisé. Les musées d'Istanbul ont dans leurs collections des qalabs réalisés par de grands maîtres*.

Le calligraphe utilise aussi ce procédé pour des calligraphies monumentales destinées à décorer un mur. Il peut agrandir sa calligraphie originale tracée au calame au moyen du report par quadrillage. Il peut aussi tracer directement en grand un croquis de sa calligraphie. Pour cela, il se sert de deux crayons ou fusains écartés par un morceau de bois et maintenus par une ficelle, les deux crayons étant éloignés d'une largeur correspondant à l'épaisseur des lettres. Sa calligraphie étant tracée en grand, il en perce le contour pour le reproduire sur le support*.

Qarahissari

Ahmed Qarahissari (1469-1556) est l'un des plus grands calligraphes ottomans.

Il se réfère à la méthode de Yacout* Al Moustassemi, mais il renouvelle amplement les styles* classiques sans pour autant changer leur originalité.

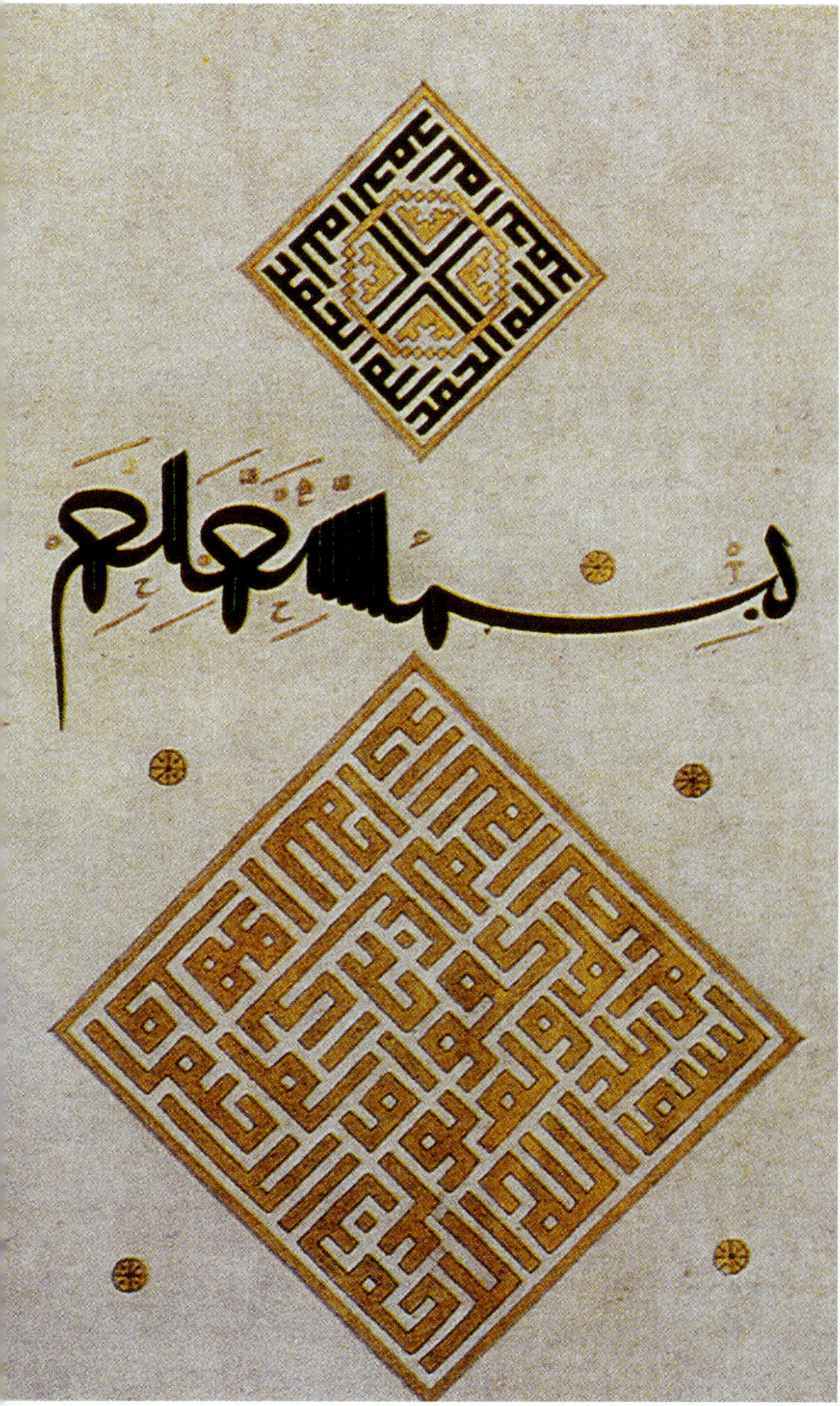

C'est un grand novateur, qui marque de son empreinte l'art de la calligraphie de son époque. On parle même d'« école Qarahissari ».
Il est le protégé du sultan Soliman le Magnifique qui lui passe commande pour décorer des monuments, entre autres la coupole de la mosquée* Solimanié d'Istanbul.
Qarahissari est un perfectionniste en calligraphie, mais aussi dans l'art de coudre. Il a l'habitude de fabriquer ses propres vêtements sur lesquels, dit-on, aucune couture n'est visible. Il pousse aussi la perfection jusqu'à calligraphier sa propre pierre tombale.

Composition de Rakim en style Thoulth, 1797. Musée de Topkapi, Istanbul, Turquie.

Rakim

Moustapha Rakim (1757-1826) a vécu à Istanbul. Adolescent, il reçut l'enseignement de son frère. Puis, tout au long de sa vie, il côtoie de grands maîtres*. C'est un calligraphe unique en son temps, par l'élégance, la perfection et la force de ses

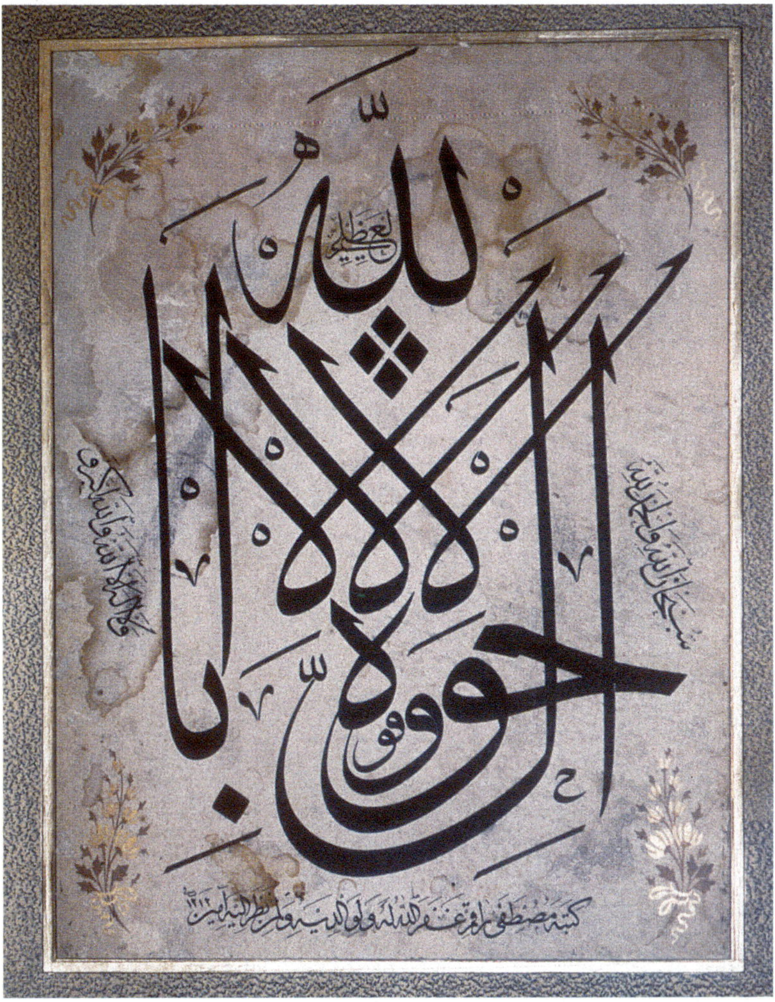

compositions*. Sa formation initiale de peintre l'y aide sans doute. Ses lettres*, ses mots montent les uns sur les autres dans un jeu de rythme* et d'équilibre. Il détruit l'ordre d'une phrase, la fragmente, puis la reconstruit en approchant les lettres semblables et positionne les lettres restantes où son imagination leur trouve place. Certaines de ses calligraphies sont illisibles, à moins d'être un fin lettré et de connaître la phrase originelle. Ses compositions très enchevêtrées ont influencé de nombreux calligraphes.
Moustapha Rakim s'est spécialisé dans le Thoulth Jeli, c'est-à-dire le Thoulth* des monuments, qui est plus grand et plus majestueux que celui des manuscrits*.
Souvent les calligraphes donnent à l'alif* du style* Thoulth l'allure d'un sabre ; on dit que chez Rakim, celui-ci évoque la silhouette d'une jeune fille.
Le sultan Sélim III (qui règne de 1789 à 1807) admire beaucoup les calligraphies de Rakim et le fait entrer au palais comme calligraphe spécialiste de sa Toughra*. À son époque, les Ottomans ont l'habitude de dire : « Si l'Occident est fier de Michel-Ange, nous, nous sommes fiers de Rakim. »

Roqa

Depuis l'époque abbasside, les calligraphes ont toujours créé un style* spécifique pour l'usage administratif. Avec le temps, ce style a évolué jusqu'à celui appelé Roqa, inventé en 1863, pour l'administration de tout l'Empire ottoman.
Les lettres* du Roqa sont courtes et ramassées, c'est un style compact. Cette écriture* a une apparence de simplicité. C'est la plus facile à apprendre et la plus rapide à tracer. L'alif* y est plus court que dans tous les autres styles, et les mots prennent peu de place, tant en hauteur qu'en largeur. L'administration a ainsi la possibilité d'inscrire beaucoup de mots sur une même ligne et de resserrer les lignes, ce qui économise le papier*. Dans ce style, si une lettre comprend deux points* diacritiques dans son tracé, ceux-ci sont remplacés par un trait horizontal.
De nos jours, le Roqa est utilisé pour la publicité et pour les titres. Il est également bien adapté aux gestes de la calligraphie* contemporaine.

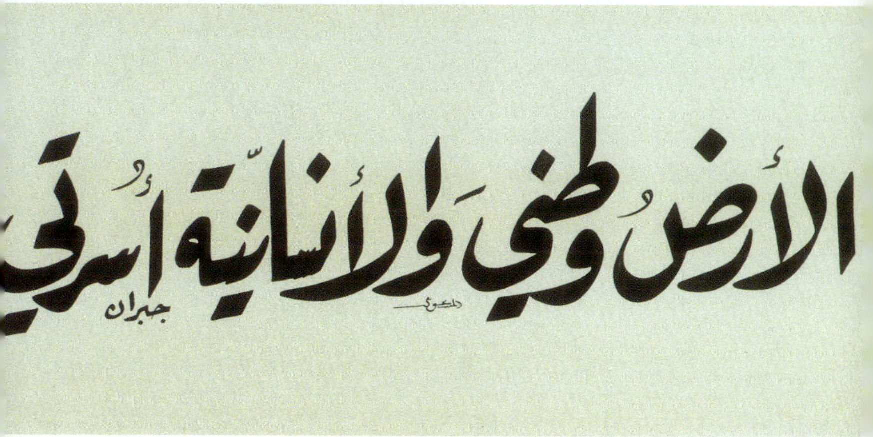

La terre est ma patrie, l'humanité ma famille, Gibran. Calligraphie en style Roqa.

RYTHME

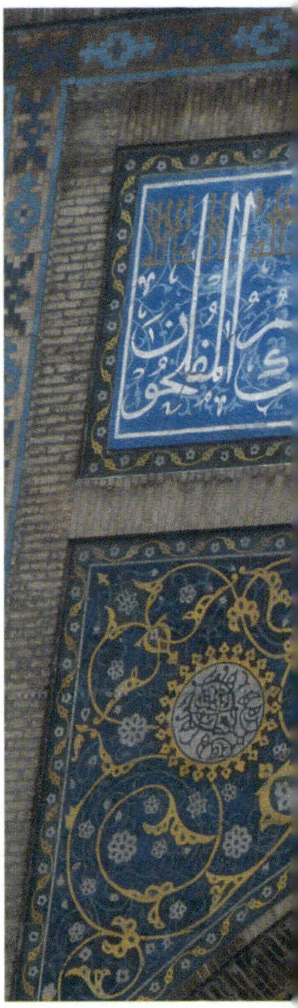

En l'absence de l'image* dans le monde musulman, toute l'énergie des artistes s'est tournée vers la calligraphie. Ils se sont ingéniés à faire de celle-ci non pas simplement une belle écriture*, mais un art.

Le calligraphe cherche une force et une beauté pour ses compositions* dans la fréquence des mêmes lettres* et dans le rapprochement ou l'éloignement de certaines autres. Il les cherche également dans la répétition de lettres ayant des parties semblables et allant dans la même direction. Le calligraphe ne se contente pas de simplement déplacer les lettres, mais il les réduit au minimum de leur lisibilité et écarte toutes celles qui le gênent dans sa recherche de rythme. Le calligraphe fixe à jamais ses gestes, donnant l'impression de mouvement perpétuel. L'alif* et le lam, lettres verticales, scandent naturellement les mots. Le calligraphe profite de leur fréquence pour leur donner l'aspect de tiges végétales, comme au palais* de l'Alhambra, ou de groupe humain en marche, telles qu'elles apparaissent sur les monuments d'Istanbul. Pour augmenter l'impression de rythme, le calligraphe allonge vers le haut les alif et les lam, et réduit au minimum les formes des lettres descendantes.

On peut établir un parallèle entre le rythme des lettres et celui des notes musicales. La calligraphie est d'ailleurs plus souvent comparée à la musique qu'aux arts plastiques. Des textes critiques arabes vieux de mille ans évoquent l'importance du rythme généré par les lettres et les mots, et tout le bonheur qu'il peut procurer aux yeux lorsqu'il est réussi.

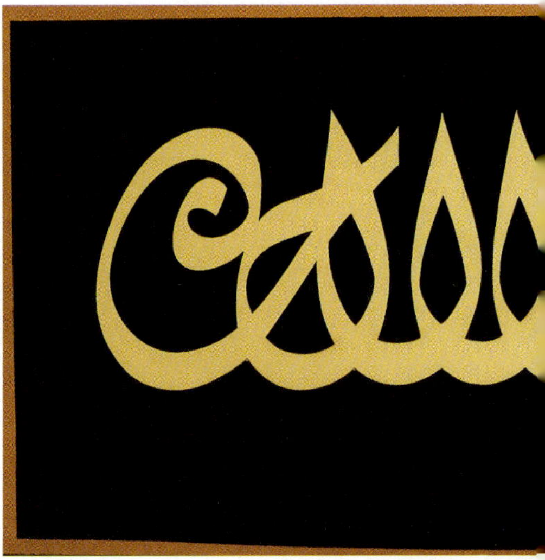

La nécessité d'embellir les monuments, symbole du pouvoir, pousse le calligraphe à chercher une harmonie entre les lettres pour une beauté visuelle.

Dans les firmans*, les lignes en style* Diwani* sont comme une assemblée de danseurs ou une symphonie de signes*.

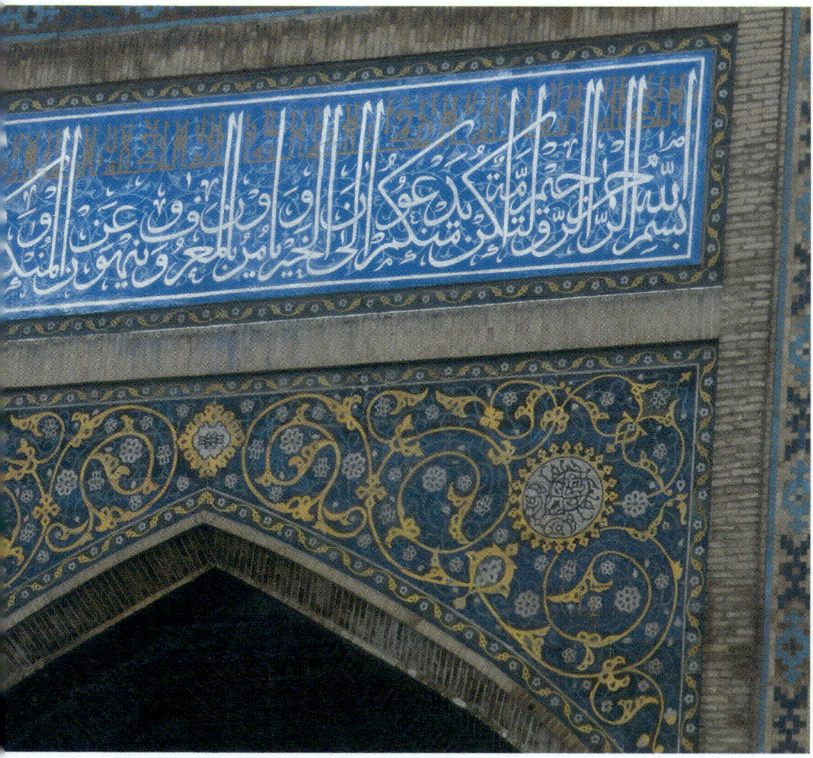

Calligraphie en style Thoulth. Madrasa Khazret Iman, Tachkent, Ouzbékistan.

La récompense de la bonté, n'est-elle pas la bonté ? Calligraphie de Al Rifaï, 1925.

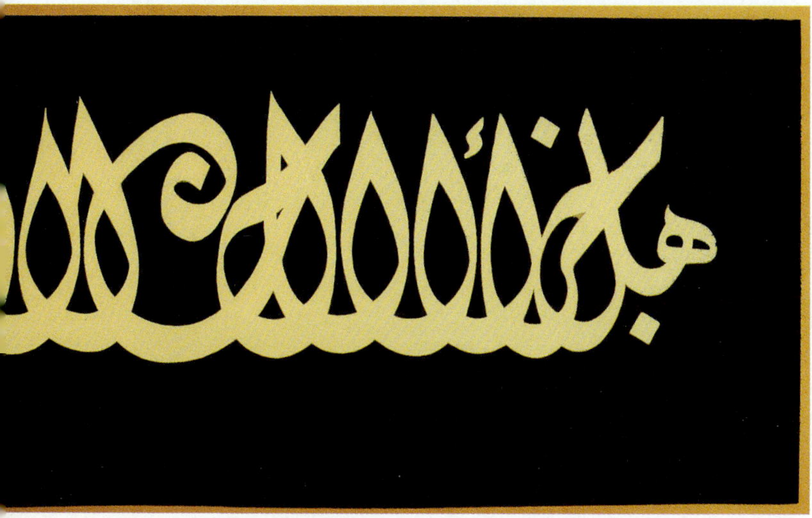

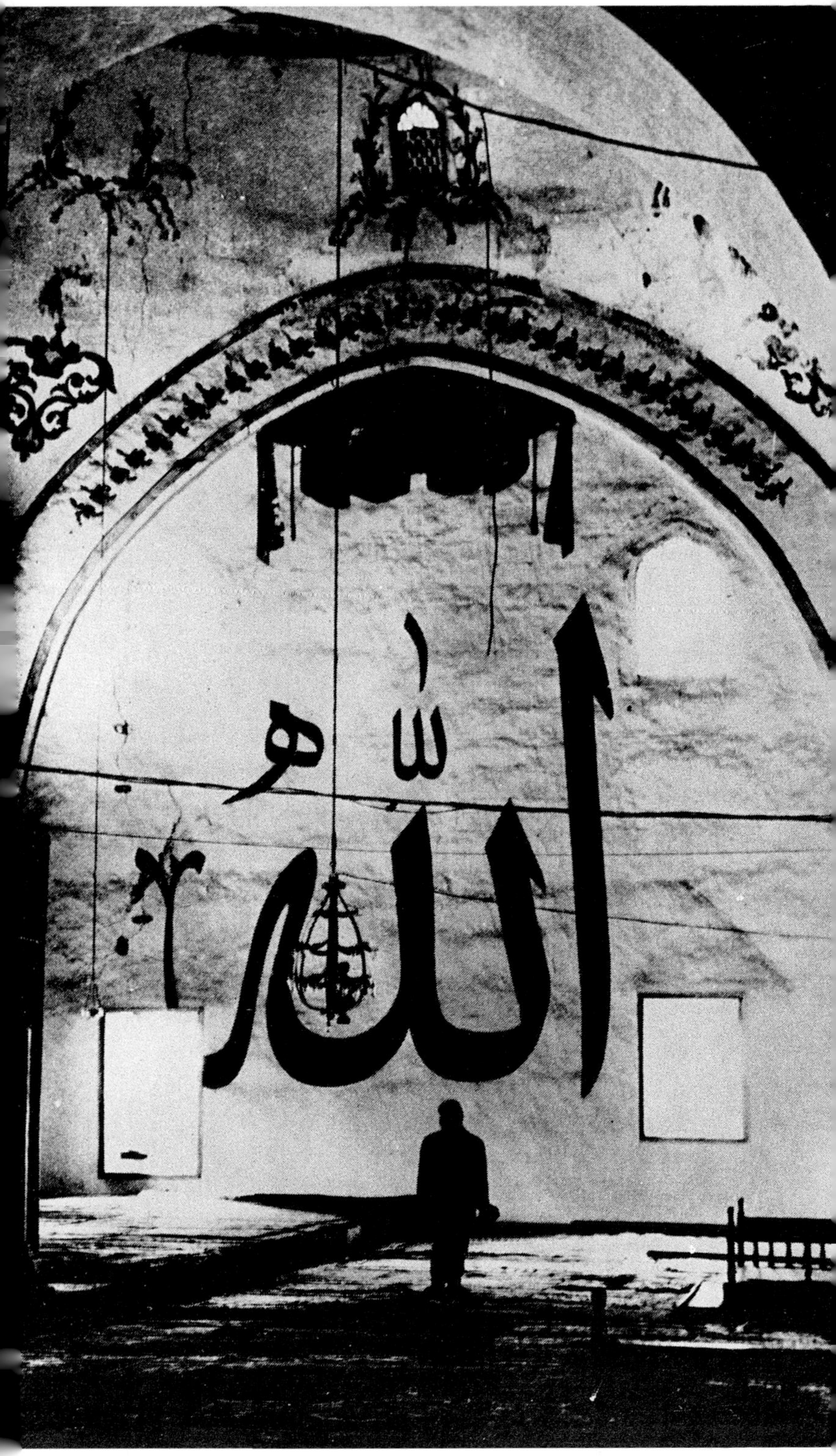
الله

Signe

Visuellement la calligraphie apparaît, surtout pour un observateur non arabisant, comme un signe, bien qu'elle soit une écriture* alphabétique. Même un Arabe la perçoit parfois comme une entité illisible. D'une part parce que le calligraphe prend des libertés avec la lettre* et le mot, et en modifie leur structure, d'autre part parce qu'il charge ses lettres d'une énergie plastique. C'est cette esthétique qui est reçue en premier dans sa totalité et non le mot signifiant. Il s'agit là du degré zéro de l'image*, à l'égal des peintures primitives des premiers hommes, qui se résument à quelques lignes épurées.
Les images nous entourent et nous donnent l'impression d'être la clé de tout, mais un désir profond, inaccessible et insatisfait pousse l'homme à chercher la solution dans le signe.
Cette calligraphie-signe renvoie le spectateur à son monde intérieur. Reçue par le sensible, elle déclenche en lui des idées personnelles, le signe devenant un pont vers la rêverie. L'observateur a l'impression de participer à l'œuvre artistique sans en connaître la technique. Il complète ce squelette par ses propres images.
Le signe n'est pas une chose réelle mais c'est un moyen d'atteindre cette chose par son imaginaire. C'est un véhicule irrationnel. La calligraphie-signe permet de communiquer avec un monde habituellement inaccessible.

Signe de vocalisation

Les signes de vocalisation ou *harakat* sont placés au-dessus ou en dessous des lettres*. Ils indiquent les voyelles brèves, le doublement de consonne ou *chadda* ّ et l'absence de voyelle ou *soukoun* ْ . Dans les premiers écrits, les voyelles brèves de sons « a, i, ou » sont indiquées par des points* ronds rouges. Ils donnent une grande beauté à la page calligraphiée en noir sur papier ocre. Puis ces signes évoluent et prennent chacun une forme spécifique ُ ِ َ . Ils sont souvent tracés avec un calame* d'une largeur d'un tiers par rapport à celui servant aux lettres. Dans l'écriture* courante, ils ne sont pas notés mais, en calligraphie, ils participent à la répartition des pleins* et des vides.
Dans les corans calligraphiés, d'autres signes colorés aident à la psalmodie.
Des signes sans signification, comme la balance, ou la répétition d'une petite lettre sous une lettre semblable, ont pour rôle d'occuper un vide afin d'équilibrer une composition*.

Allah, ancienne mosquée. Edirne, Turquie.

Calligraphie de Hamed en style Thoulth, XXe siècle. Turquie.

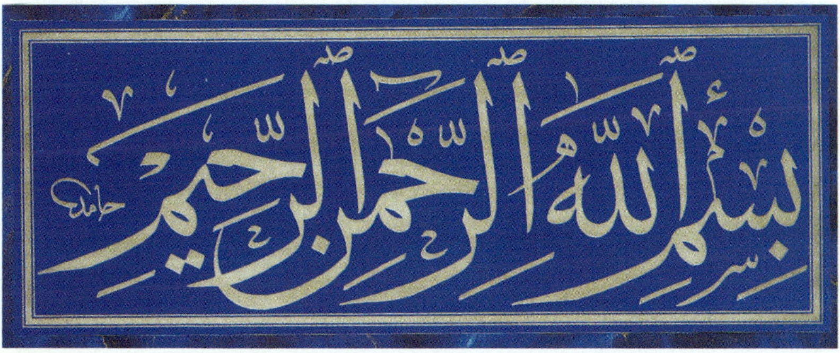

SOUFFLE

À l'instant où le calligraphe pose le bec de son calame* sur le papier*, il doit maîtriser son geste par une force intérieure afin que sa main puisse tracer la lettre* avec précision. Cette force, c'est sa capacité à réguler son souffle. Il doit prendre conscience de sa respiration. Entre inspiration et expiration, il y a un court temps d'arrêt que le calligraphe peut apprendre à prolonger légèrement par l'exercice quotidien. Lorsque ce moment s'allonge, il a la sensation d'être hors du temps et son geste se fait plus précis.

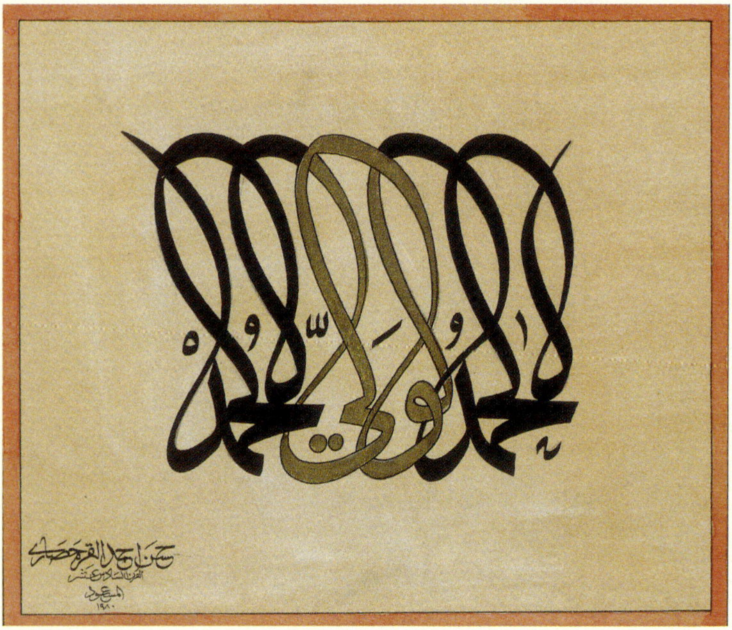

Le calligraphe rythme son souffle sur les pleins* et les déliés des lettres. Il retient son souffle pour tracer une lettre longue en s'arrêtant au délié et le reprend en même temps qu'il reprend de l'encre*. On enseigne au jeune calligraphe de ne pas utiliser tout l'air de ses poumons ni toute l'encre de son calame au moment de réaliser un geste long et lent.
Tracer avec lenteur* une lettre longue, c'est aussi se plonger dans le silence intérieur pour y rencontrer son expression* personnelle. Chaque fois que ce moment se prolonge, une sensation de bien-être et de plénitude envahit le calligraphe.
Au moment où le calligraphe maîtrise son souffle, son corps entre en communion avec son mental et sa sensibilité.

D'après une calligraphie de Qarahissari.

Style

Les deux premiers styles de calligraphie arabe sont, l'un cursif, l'autre rigide, appelé plus tard Koufi*. Une multitude de styles est inventée à partir du VIIIe siècle. Chacun a une fonction sociale, politique ou religieuse. Il y a également des styles régionaux, créés dans des pays de culture et de sensibilité différentes de celles du centre de l'empire à Bagdad. Les styles se diversifient aussi en fonction des supports*, suivant qu'ils sont tracés au calame* sur le papier*, gravés sur le cuivre, sculptés dans la pierre ou dessinés sur la céramique*.
Les styles du Machrek (Orient) sont extrêmement variés et se

conforment à des codes* complexes. Ils ont été créés dans les trois foyers importants de la calligraphie : Bagdad jusqu'au XIIIe siècle, Le Caire jusqu'au XVIe siècle et Istanbul jusqu'au XXe siècle. Les styles du Maghreb (Occident) sont le Maghrebi* et ses variantes. Les deux écoles, d'Orient et d'Occident, se distinguent l'une de l'autre par leur principe de plein* et de délié. Celui-ci se différencie par la coupe* du bec du calame, en biais pour la première école et souvent pointue pour la seconde. À chaque style correspond une taille de calame particulière.
Certains styles sont extrêmement complexes et difficiles à calligraphier, tel le Thoulth* que l'on ne peut pratiquer sans un long apprentissage. D'autres sont subtils et raffinés, comme le style persan Taliq*.
Le Koufi ancien est réservé au Coran ; plus tard, ce style se rigidifie et se développe sous de nombreuses variantes. Il est alors utilisé pour la décoration murale. Le Neskh* sert à la copie des manuscrits* après le Xe siècle, de même que le Mouhaqqaq et le Rayhani. Le Diwani*, lui, est un style diplomatique. Quant au Roqa*, il est utilisé par l'administration. Parmi les nombreux autres styles existants, le Nisf est destiné aux princes, le Thoulthaine réservé aux registres, le Ghibar, ou poussière, est le style des pigeons voyageurs servant à envoyer rapidement des messages secrets, un autre style est réservé à l'usage des princesses. Certains

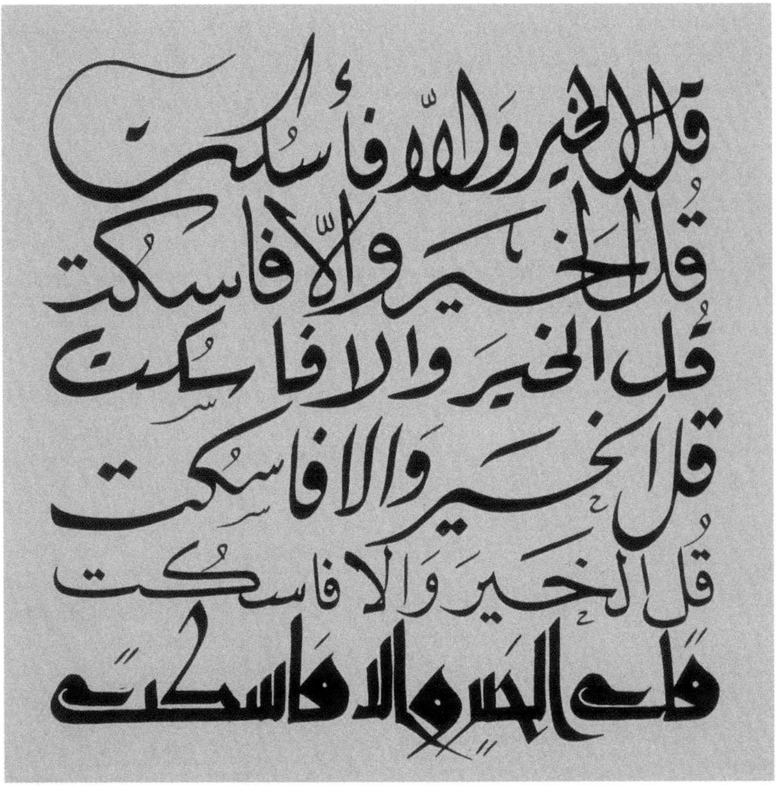

Si ce que tu as à dire n'est pas plus beau que le silence, alors tais-toi.
Proverbe arabe calligraphié, de haut en bas, en styles Diwani, Thoulth, Roqa, Taliq, Neskh et Koufi.

Calligraphie en stuc, XIIIe siècle. Palais de l'Alhambra, Grenade, Espagne.

ont, au cours des siècles, changé de nom ou disparu. Un bon calligraphe doit en connaître au moins six.

Support

Les premiers textes arabes sont gravés sur la pierre. Mais les premières vraies calligraphies sont réalisées sur papyrus. Ce support permet à la calligraphie d'évoluer, puis, jusqu'au Xe siècle, on utilise le parchemin en peau de gazelle, de mouton ou de chèvre. Cette peau très fine, lisse et solide est idéale pour le calame* qui glisse sur sa surface. Le papyrus ne disparaît pas pour autant, il est employé parallèlement. Des textes du IXe siècle, écrits sur ce support, sont parvenus jusqu'à nous.

Le papier*, inventé en Chine, fait son apparition dans les pays islamiques au VIIIe siècle ; il devient peu à peu le support le plus courant. Il ne sert d'abord qu'aux textes profanes, les corans restant sur parchemin, puis son emploi se généralise. De nombreux autres supports sont utilisés pour la calligraphie :

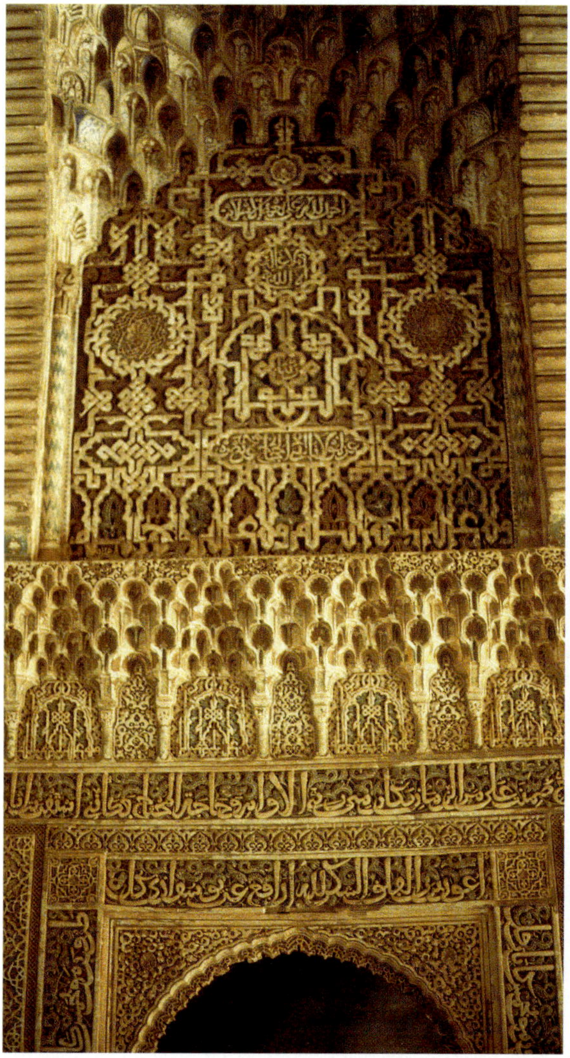

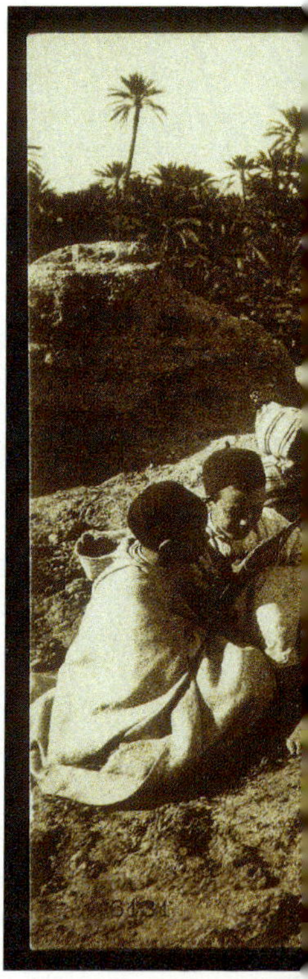

la mosaïque*, la céramique*, la brique émaillée, la poterie, la pierre, le marbre, le stuc, le cuivre et d'autres métaux, le bois, l'ivoire, le tissu, etc.

La calligraphie, passant du manuscrit* au mur de monument, contraint le calligraphe à prendre en compte le changement de matières et leur diversité. Il adapte et épure ses lettres*, et invente un mode d'écriture* spécifique à chaque support. Il découvre aussi que celui-ci lui indique des formes et des styles* auxquels il n'a pas songé.

Lorsque le calligraphe a achevé son travail destiné à un monument ou à un objet, l'artisan intervient. Parfois, suivant la situation, il comprime et condense les lettres afin d'occuper l'espace* ou bien les allonge pour combler un vide non désiré (voir Allongement). La mauvaise connaissance des codes* par certains artisans permet une interprétation naïve ou inattendue de la calligraphie. La dureté du marbre et sa difficulté à être taillé le poussent à réduire à une simple ligne le vide autour des lettres. Les lettres deviennent épaisses, sculpturales et la calligraphie s'enrichit. Les objets usuels – vaisselle en céramique ou en cuivre, vases, lampes en verre, armes, coffrets, vêtements, tapis de soie ou de laine – se couvrent tous de calligraphie.

Tablette coranique

Une tablette coranique est une petite planche de bois enduite d'une fine couche d'argile sur laquelle l'enfant apprend

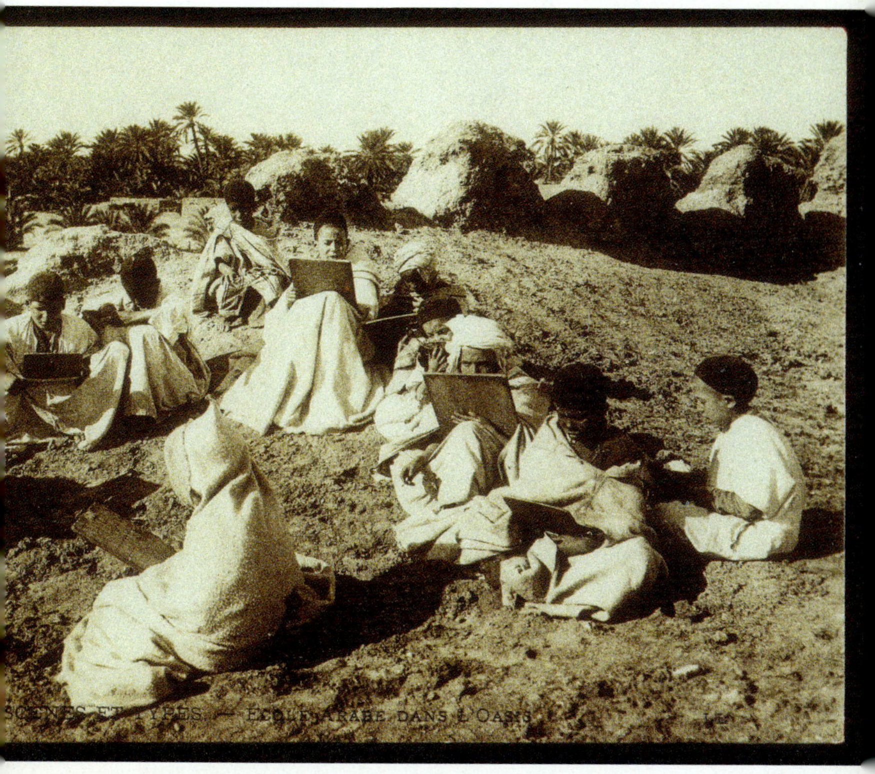

École coranique dans le désert algérien, début du XXe siècle.

à lire et à écrire dans une école coranique. Le Coran y est enseigné et appris par cœur. L'élève, avec l'aide du maître*, écrit une sourate sur sa tablette. Lorsque le texte est su, il l'efface et écrit une autre sourate, et ainsi de suite.

L'élève écrit avec un calame* et une encre* simple, de fabrication locale. Par exemple, le *smagh,* une encre sèche à base de laine de mouton carbonisée, présentée sous forme de petites galettes, est utilisée au Maghreb.

Le jour où l'enfant, après des années d'apprentissage, sait le Coran par cœur, le maître l'aide à décorer sa tablette que l'on accroche au mur lors d'une petite fête célébrant cet événement.

Taliq

L'alphabet arabe entre en Perse (Iran) avec l'islam. Les calligraphes persans utilisent alors le Koufi* et le Neskh* en ajoutant des points à certaines lettres, afin qu'elles expriment les sons de la langue persane qui n'existent pas dans la langue arabe.

Puis le Taliq est inventé. On attribue sa création à Mir Ali Tabrizi, à la fin du XIVe siècle. On raconte qu'un jour Mir Ali vit en rêve l'imam Ali, quatrième calife et patron des calligraphes. Celui-ci lui ordonnait de regarder des oies en vol et de les prendre comme exemple d'une nouvelle calligraphie. Mir Ali conçoit ainsi le Taliq, en faisant de chaque partie du corps de l'oie une lettre*.

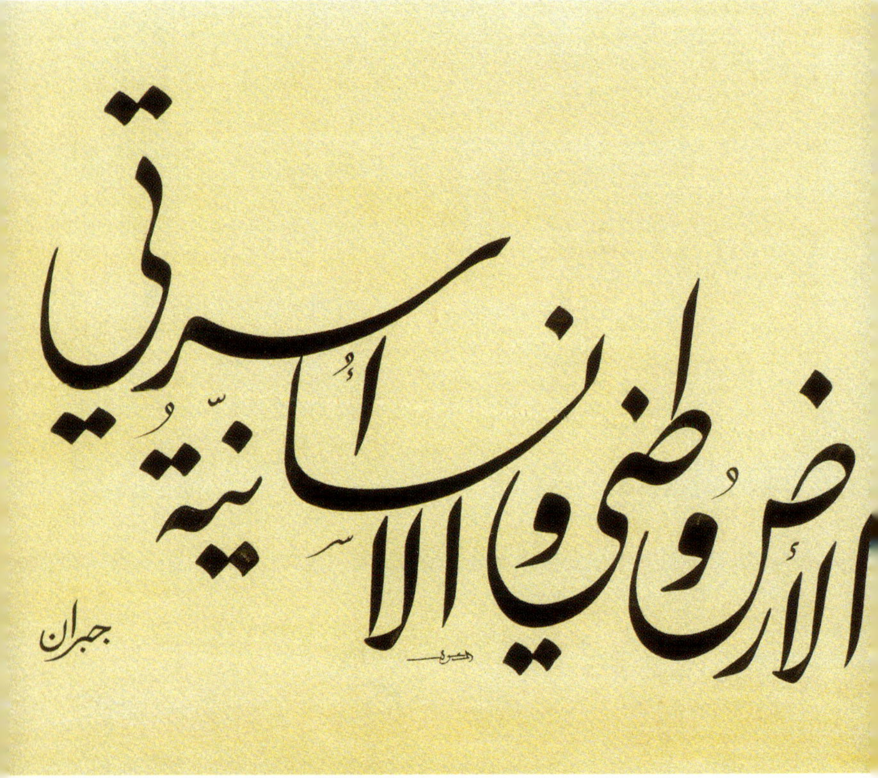

La terre est ma patrie, l'humanité ma famille, Gibran. Calligraphie en style Taliq.

Le Taliq est un style très aérien, dont les lettres, comme son nom l'indique, semblent suspendues (*taliq* veut dire « suspendu »). C'est un style spécifiquement persan (farsi), mais utilisé aujourd'hui par la plupart des calligraphes arabes.
Pour écrire en Taliq, le calligraphe doit recréer les formes des mots, les modifier et les déplacer dans l'espace*. La variété d'épaisseur et de longueur des lettres, et le vaste espace que demande ce style, contraignent le calligraphe à rechercher un équilibre permanent.
D'autres styles* farsi ont été créés en Iran, dont le Nestaliq et le Chikesteh. Le Nestaliq est un mélange de Neskh et de Taliq, il sert à la copie des livres. Le Chikesteh, qui signifie « brisé », est une écriture* aux gestuelles rapides et libres.

Thoulth

Le mot *thoulth* signifie « un tiers ». Cette appellation vient de l'utilisation d'un calame* d'une largeur d'un tiers par rapport à celui utilisé pour le Tomar, style* de l'administration omeyyade au VIIIe siècle. Le style Thoulth s'améliore et évolue au cours des siècles jusqu'à la période ottomane, où il atteint son apogée.

Le Thoulth est complexe, il requiert de la préparation et une longue concentration*. Il demande également beaucoup de minutie dans son exécution et une grande maîtrise. Il est impossible de le calligraphier sans l'aide d'un maître*. C'est le premier style qu'un élève apprend, et il lui demandera des années d'apprentissage.
Pour écrire dans ce style, on doit changer le calame d'orientation en permanence. On le fait pivoter sur lui-même par une légère rotation des trois doigts qui le tiennent. Certaines parties de lettres* nécessitent une pression de l'instrument sur le papier, et d'autres un relâchement. Les extrémités de quelques lettres sont impossibles à calligraphier avec un calame normal, il faut les dessiner avec un autre, très fin. Chaque lettre peut avoir plusieurs formes. Le calligraphe choisit la mieux adaptée à sa composition*.
Avant de commencer, il doit avoir en tête l'espace* entier de sa calligraphie, afin que les blancs soient visuellement en harmonie avec les noirs. Il joue souvent avec les hampes des lettres, assez hautes dans ce style, qui donnent un rythme* à la calligraphie.

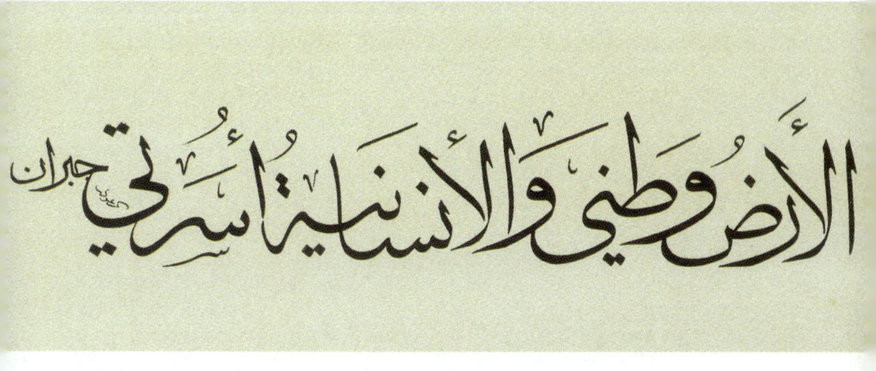

La terre est ma patrie, l'humanité ma famille, Gibran. Calligraphie en style Thoulth.

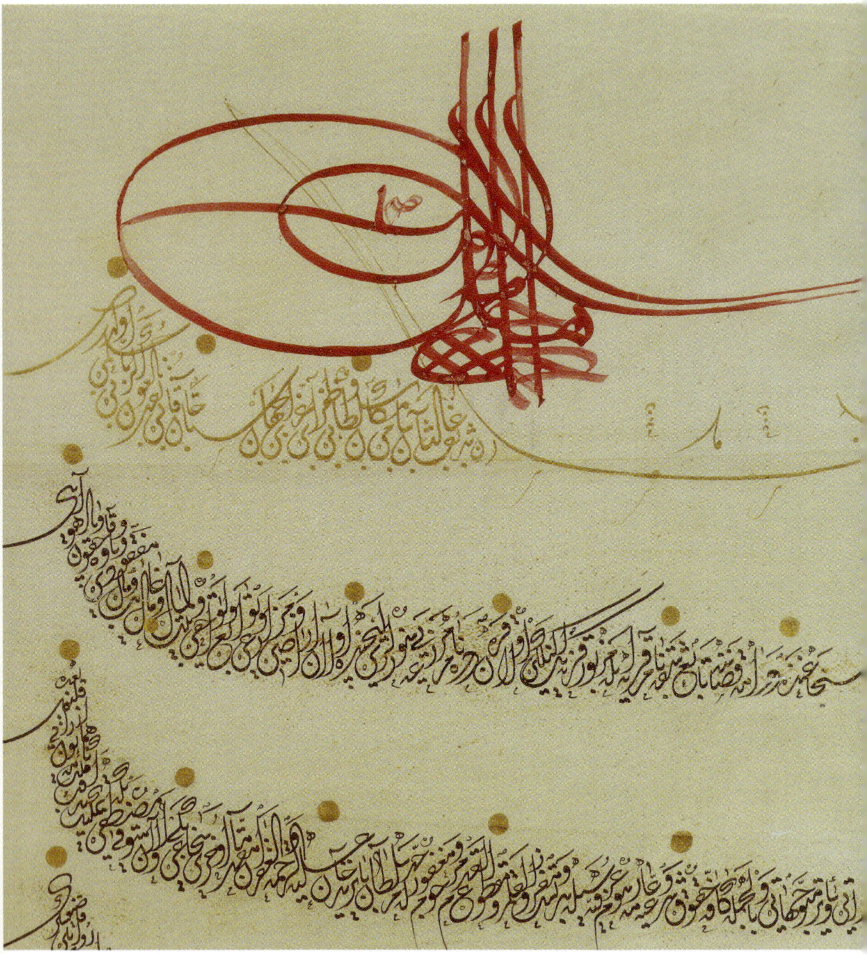

Toughra du sultan Ahmed II, 1694. Musée islamique, Istanbul, Turquie.

Toughra

La Toughra est une forme particulière de composition* calligraphique. C'est la signature-sceau des sultans ottomans, exécutée par le *toughrakesh,* haut fonctionnaire calligraphe. Une Toughra comprend toujours le nom du sultan, ceux de son père et de sa dynastie, ainsi qu'une phrase d'éloge. À chaque sultan correspond une Toughra, mais seul les noms changent, la forme restant toujours la même.

Elle est présente sur les firmans*, les courriers diplomatiques et est gravée sur les monnaies, parfois sur les murs du palais.

Jusqu'au XVIIIe siècle, la Toughra est calligraphiée en lettres d'or ou bleu cobalt souligné d'or, et enluminée d'un lacis de fines petites fleurs bleues, rouges et or d'un extrême raffinement. Au XIXe siècle, elle devient plus sobre.

L'essentiel de la composition de la Toughra est un carré ou un triangle central où les lettres sont compactes et illisibles. De ce centre partent trois lignes vers le haut, trois autres lignes les tirent vers le bas, et deux lignes s'échappent vers la gauche puis effectuent une grande courbe de retour vers la droite.

Yacout Al Moustassemi

Yacout Al Moustassemi (1203-1298) est calligraphe mais également poète et écrivain. Il a appris la calligraphie auprès d'une femme calligraphe, Zaynab.

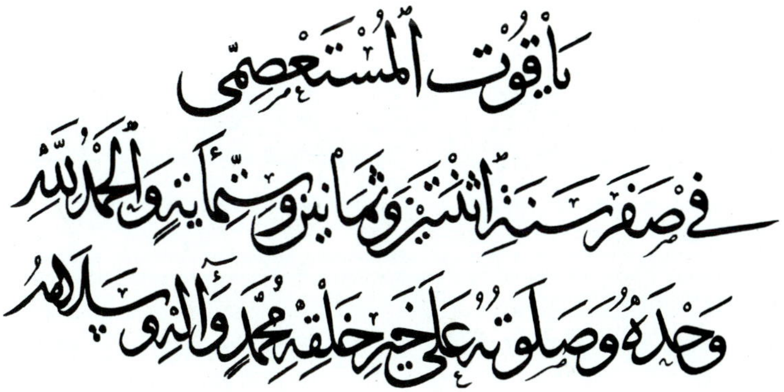

Calligraphie de Yacout Al Moustassemi, 1283.

Yacout exige de ses élèves de longs exercices*, chaque jour. En 1258, lors du siège de Bagdad par l'armée mongole et au moment où des projectiles incendiaires tombent sur la ville, il trouve refuge dans un minaret, où, enfermé avec son papier*, ses encres* et ses calames*, il continue, imperturbable, ses exercices quotidiens. Il est sauvé par l'un de ses admirateurs. Après la prise de Bagdad, les Mongols jettent un grand nombre de manuscrits* dans le Tigre, au point que ses eaux sont noires d'encre.
Yacout devient plus tard le conservateur de « La Maison des Livres », bibliothèque de la madrasa* Al Moustansiria, à Bagdad. Son poste dans cette bibliothèque lui permet de rencontrer l'élite culturelle de Bagdad, des poètes et des écrivains.
L'art calligraphique de Yacout domine son époque et il exige que six styles* soient obligatoires pour devenir un calligraphe professionnel. Ces six styles sont : le Rayhani, le Neskh*, le Thoulth*, le Mouhaqqaq, le Tawqui et le Rikaa, tous les autres étant facultatifs. De nos jours, les six styles obligatoires ont changé ; il s'agit du Koufi*, du Neskh, du Thoulth, du Roqa*, du Taliq* et du Diwani*.
Yacout est le premier calligraphe à couper le bec de son calame de manière oblique ; il obtient ainsi des déliés plus fins (voir Plein et délié).

Perfectionner son calame, c'est perfectionner sa calligraphie,
négliger son calame, c'est négliger sa calligraphie.

Yacout Al Moustassemi, XIIIe siècle

Zellige

L'art du zellige dérive de la mosaïque*. Il se constitue de morceaux de terre cuite émaillée, taillés suivant des formes géométriques diverses. Celles-ci sont assemblées comme un puzzle pour donner un dessin très coloré à base, majoritairement, de polygones étoilés et, plus rarement, d'un motif végétal. Cet assemblage est destiné à en noir des carreaux de terre cuite et, à l'aide d'un pochoir, y reporte la calligraphie. Puis avec un petit burin, il fait sauter l'émail de manière à ne laisser en noir que la calligraphie.

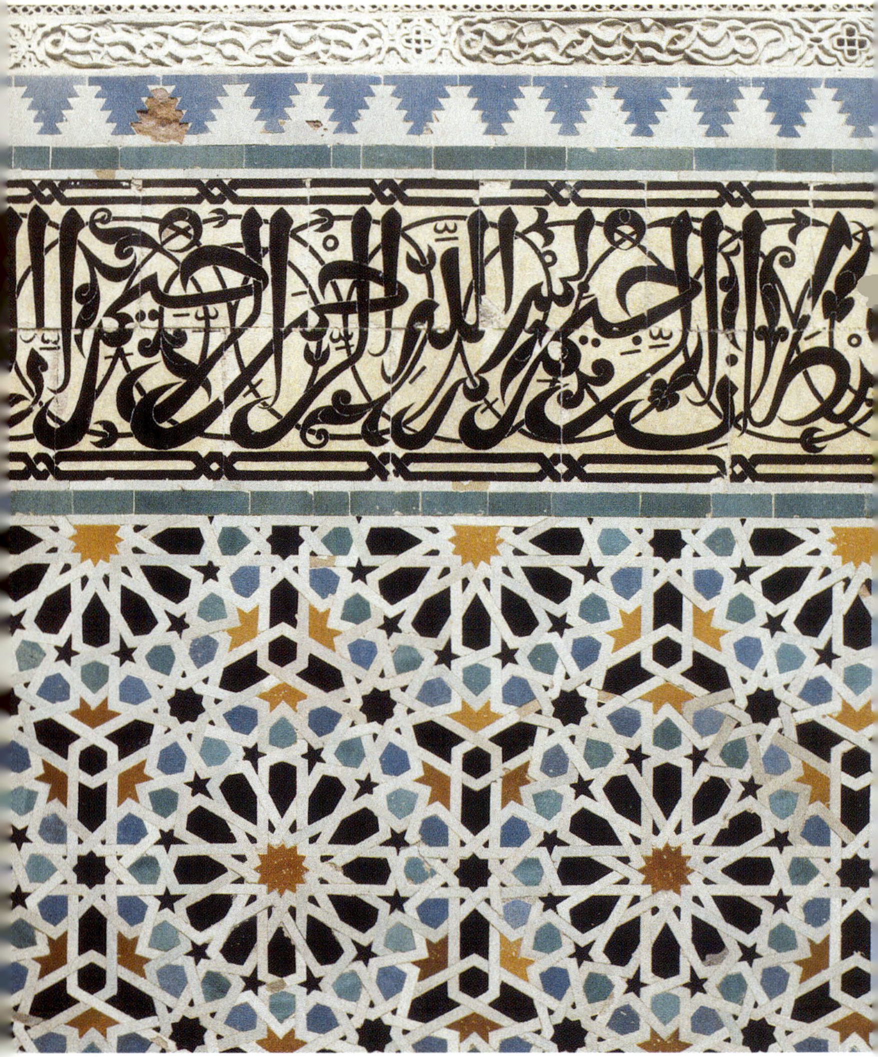

Zellige et calligraphie, XIVe siècle. Madrasa Attarine, Fès, Maroc.

décorer les murs ou les colonnes, et il est souvent surmonté d'un texte calligraphié en lettres* noires ou vertes sur fond crème. Cette calligraphie est réalisée en zellige excisé. L'artisan émaille

Le zellige est une technique d'ornement* qui demande beaucoup de précision et qui était surtout utilisée en Andalousie et au Maghreb. Elle est toujours pratiquée au Maroc.

BIBLIOGRAPHIE SÉLECTIVE

AL BABA, Kamil, *L'Esprit de la calligraphie arabe* (en langue arabe), Beyrouth, Dar El Ilm, 1983.

AL MASRAF et ZAYN AL DIN, *Album de calligraphie arabe* (en langue arabe), Bagdad, éditions Al Nahdha, 1968.

L'Art du livre arabe, cat. exp., Bibliothèque nationale de France, Paris, 2001.

Calligraphie islamique, cat. exp., musée d'Art et d'Histoire/Trésors de l'Islam, Genève, 1988.

Calligraphies ottomanes, cat. exp., musée du Louvre, Paris, Réunion des musées nationaux, 2000.

HACHEM AL BAGDADI, *Manuel de calligraphie arabe* (en langue arabe), Bagdad, éditions Al Nahdha, 1968.

LINGS, Martin, *The Quranic art of calligraphy and illumination,* Londres, World of Islam Festival Trust, 1976.

LINGS, Martin et SAFADI, Yasin Hamid, *The Quran,* Londres, World of Islam Festival Publishing Company Ltd., 1976.

MASSOUDY, Hassan, *Calligraphe,* Paris, Flammarion, 1986.

MASSOUDY, Hassan, *Calligraphie arabe vivante,* Paris, Flammarion, 1998.

MASSOUDY, Hassan, *Harmonie parfaite d'Ibn Arabi,* Paris, Albin Michel, coll. « Les carnets du calligraphe », 2001.

MASSOUDY, Hassan et Isabelle, *Calligraphie du désert,* Paris, éditions Alternatives, 2000.

MEYNET, Roland, *L'Écriture arabe en question,* Beyrouth, Dar El Machreq, 1971.

NAEF, Silvia, *L'Art de l'écriture arabe,* Genève, Slatkine, 1992.

SAFADI, Yasin Hamid, *Calligraphie islamique,* Paris, Éditions du Chêne, 1978.

SICRE, Jean-Pierre, *Hassan Massoudy. Le chemin d'un calligraphe,* Paris, Phébus, 1991.

SIJELMASSI, Mohamed, *Enluminures des manuscrits royaux au Maroc,* Paris, ACR, 1987.

Soliman Le Magnifique, cat. exp., Galeries nationales du Grand Palais, Paris, Réunion des musées nationaux, 1990.

ZERDOUN BAT-YEHOUDA, Monique, *Les Encres noires au Moyen Âge,* Paris, Éditions du CNRS, 1983.

CHRONOLOGIE

568 Première écriture lisible en arabe : inscription de Harran en grec et en arabe sur l'entrée d'une église.

Vers 600 D'après les chroniqueurs arabes, un groupe de caravaniers aurait appris l'écriture à Al Anbar, en Irak, et l'aurait diffusée à leur retour en Arabie.

611 Mohammed reçoit la révélation coranique. Quelques textes sont écrits sur des os ou des morceaux de poterie.

622 Mohammed et ses compagnons quittent La Mecque pour Médine. Point de départ de l'ère musulmane ou hégire. Des secrétaires/calligraphes écrivent le courrier et quelques textes sacrés.

632 Mort du prophète Mohammed.

638 Fondation de Koufa en Irak qui donnera son nom, Koufi, à l'écriture anguleuse existante.

Vers 640 Abou Bakr, le premier calife, demande à Zaïd Ibn Thabite, secrétaire/calligraphe, de rassembler les textes sacrés déjà écrits.

647 Divergences d'interprétation des textes sacrés entre les habitants de Syrie et d'Irak.

655 Le calife Othman décide de fixer définitivement les textes sacrés en un livre, le Coran.

660-750 Califat des Omeyyades.

661 Qoutbah Al Mouharrir, l'un des premiers calligraphes, crée le style Tomar pour les courriers diplomatiques.

Vers 675 Le grammairien Abou Al Aswad effectue la première réforme de l'écriture afin de la rendre plus lisible : il ajoute des points rouges au-dessous ou au-dessus des lettres pour indiquer les voyelles.

685 Deuxième réforme dans l'écriture par deux élèves d'Al Aswad : ils ajoutent des signes diacritiques pour différencier les lettres. Le calife Abd Al Malik ordonne l'utilisation de la langue arabe et de son écriture dans l'administration.

691-692 Construction du Dôme du Rocher à Jérusalem, où l'on peut voir une des premières calligraphies sur un monument.

Début du VIIIe siècle Khalid Ibn Al Hayyaj calligraphie un Coran en lettres d'or.

750 Début de la dynastie abbasside. Al Dahak et Ishak ajoutent de la légèreté et de l'élégance aux styles Thoulth et Thoulthaine, dont ils popularisent l'usage. Introduction dans les pays arabo-islamiques du secret de la fabrication du papier, venu de Chine. La calligraphie prend un grand essor et sa pratique se développe.

766-809 Règne du calife Haroun Al Rachid qui ordonne à l'administration d'utiliser le papier à la place du parchemin, afin d'éviter les falsifications.

Avant 786 Nouvelle réforme de l'écriture par le grammairien Al Farahidi qui remplace les points rouges de vocalisation par des signes tracés avec la même encre que le reste du texte.

Vers 820 Le calligraphe Ibrahim Al Chajari crée des variantes du style Thoulth. Son frère, Yousouf Al Chajari, crée le style Riyassi. Al Ahwal Al Moharrir conçoit, lui, le Moussalsal et le Ghibar.

832 Le calife Al Mamoun fonde la bibliothèque « La Maison de la Sagesse », à Bagdad, et demande de traduire et de copier les manuscrits du savoir grec.

886-940 Le calligraphe Ibn Moqla instaure des règles géométriques pour tracer les lettres et perfectionne le style Neskh. Il écrit un traité de calligraphie.

909-1171 Dynastie des Fatimides en Égypte, qui développent le Koufi fleuri sur les monuments.

Avant 1022 Le calligraphe Ibn Al Bawwab perfectionne le tracé des lettres et crée de nouveaux styles.

1087 Fatima Al Bagdadia calligraphie le traité de paix que le calife de Bagdad signe avec le roi de Byzance.

1089-1178 Shouhda Bint Al Aberi est une théologienne et une calligraphe reconnue.

Fin du XIe siècle Certains califes deviennent de grands calligraphes, tels Al Moustadhir et Al Moustarchid Billah.

1203-1298 Le calligraphe Yacout Al Moustassemi taille le calame en biais et institue qu'un calligraphe professionnel doit connaître six styles de calligraphies.

1250-1517 Dynastie mamelouk. Calligraphies monumentales et très rythmées en architecture, et calligraphies de livres qui dépassent un mètre de haut.

1258 Siège de Bagdad par les Mongols qui jettent de nombreux manuscrits dans le Tigre. Fin de la dynastie abbasside.

Fin du XIVe siècle L'invention du style Taliq est attribuée au calligraphe Mir Ali Tabrizi, en Iran.

1441 Traité de calligraphie arabe par Abdrahman Ibn Al Saigh (Le Caire). On lui attribue la création du Ijaza.

1436-1520 Cheikh Hamadoullah Al Amassi, grand maître calligraphe, perfectionne les six styles de Yacout Al Moustassemi.

1451-1481 Le sultan Mehmed II reconstruit Istanbul et fait appel aux calligraphes pour la décoration des monuments.

1469-1556 Ahmed Qarahissari, grand calligraphe novateur, crée un genre particulier de calligraphie.

Vers le XVIe siècle Utilisation des points-mesure pour codifier les lettres.

1642-1698 Hafez Othman, le grand calligraphe de la période ottomane, apporte de la grâce au style Neskh.

1757-1826 Le calligraphe Moustapha Rakim réalise des compositions monumentales influencées par l'espace architectural.

1794 Calligraphie d'Asma Ibret, femme calligraphe ottomane.

Fin du XVIIIe/XIXe siècle Lente introduction de l'imprimerie dans l'Empire ottoman.

1871-1934 Al Rifaï, calligraphe turc, participe à la renaissance de la calligraphie en Égypte.

1891-1982 Hamed Al Amadi, grand calligraphe turc, marque de son art toute une génération de calligraphes contemporains.

1900-1973 Hachem Al Bagdadi est un grand calligraphe irakien. La force de ses créations et l'édition de son manuel de calligraphie donnent un nouveau dynamisme à cet art en Irak et dans les autres pays arabes.

1928 L'alphabet arabe est remplacé par l'alphabet latin pour la transcription de la langue turque. Fin du dernier foyer de la calligraphie arabe.

À partir des années 1980 Regain d'intérêt pour la calligraphie arabe.

INDEX

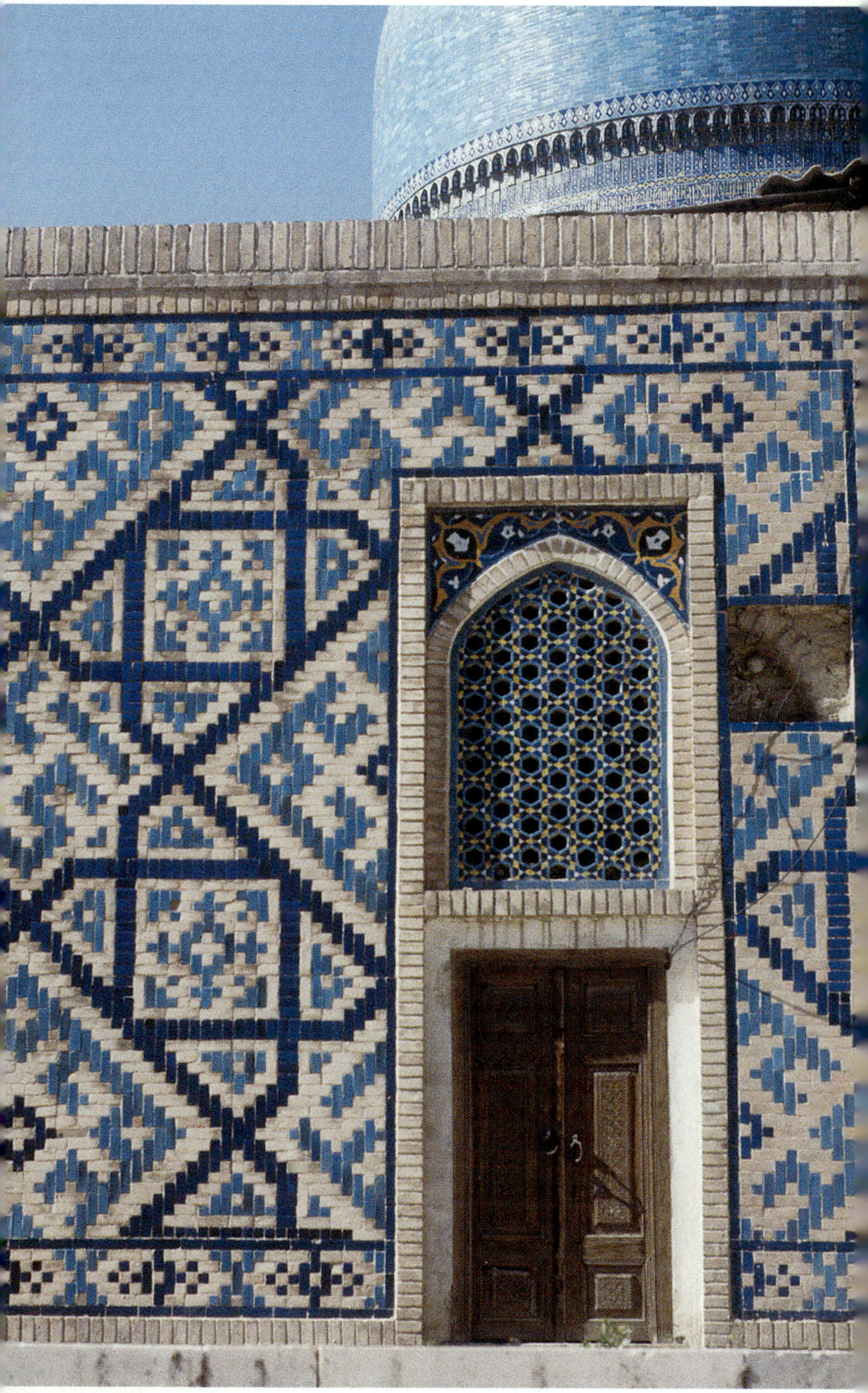

Crédits photographiques : Ersin Alok 104 ; archives Flammarion/ P. Ferbos (coll. H. Massoudy) 30b , 37h, 50, 51, 59h, 74b, 82b, 83, 88, 89, 94b ; AKG (Paris)/ Jean-Louis Nou 8 ; Bibliothèque nationale de France 28-29, 43, 78 ; Yves Blanchard 19, 36, 69, 103h, 119 ; British Library (Londres) 53 ; Chantal Cavalerie 24-25 ; Chester Beatty Library (Dublin) 31 ; Cosmos/ R. Azzi 67 ; Hassan Massoudy 11, 12-13, 14, 16-17, 18, 21, 22-23, 24h, 27, 32, 33, 34, 37b, 41, 42, 45b, 46, 54-55, 56-57, 63, 64, 65, 66, 68, 70, 71, 75h, 75b, 79, 80b, 81, 82h, 85, 86, 87, 90, 91, 92, 93, 94h, 95, 96b, 97, 102-103b, 106, 107, 108, 110, 111, 113, 114/ coll. Hassan Massoudy 30, 44-45, 61, 72, 73, 77, 96h, 98, 101, 105, 109; Rapho/ Robert et Sabrina Michaud 100 ; Réunion des Musées nationaux 20; Henri Stierlin 4-5 ; Türk ve Islam Eserleri Müzesi (Istanbul) 26, 58, 112.
Droits réservés 6, 7, 15, 38, 39, 40, 48-49, 59b, 60, 62, 99.

Responsable de la collection : Sandrine BAILLY
Coordination éditoriale : Nathalie BEC
Mise en pages et correction : Julie HOUIS
Fabrication : Mélanie LAHAYE
Photogravure, Flashage : Pollina s.a., Luçon
Couverture imprimée par Pollina s.a., Luçon
Achevé d'imprimer et broché en mai 2002 par Pollina s.a., Luçon

ISBN (Flammarion) : 2-08-010669-4
ISSN : 1281-4148
N° d'édition : FA0669-01
N° d'impression : L85944
Dépôt légal : mai 2002

Imprimé en France

Pages 4-5 : Mosquée de la madrasa de Shah Sultan Husein, début du XVIIIe siècle. Ispahan, Iran.
Page 119 : Madrasa Tillia-Kari, XVIIe siècle. Samarkand, Ouzbékistan.